김대업 수필가

김대업은 1937년 6월 26일 경상남도 남해군 이동면 다정리에서 장녀로 태어났다. 1957년 정우원과 결혼하여 슬하에 아들 오 형제를 두었으며 1954년부터 6년 동안 성명초등학교, 다초초등학교, 이동중학교 예능 강사로 근무했다. 1973년 8월 보건직 공무원으로 임용되어 대평면사무소 대곡면사무소 금산면사무소에 이어 고현면사무소에서 명예퇴직을 했다. 1990년 엄마손어린이집을 개원하고 2002년 꼬마궁전어린이집으로 개명하여 2004년까지 어린이집을 운영했다. 경상남도 도지사상, 대한적십자 총재상, 남해군수 표창을 받았다. 2016년 《한맥문학》에 시부문 당선, 공저 『향기 묻은 추억』과 수필집 『모란이 피네』를 상재했다.

eummason@hanmail.net

013
다시올산문

모란이 피네

김대업

다시올

자서

사랑한다

한 생을 지혜롭고 슬기롭게 살아가는 방법은 간단하다. 그러나 꿈꾸며 살아가는 사람과 꿈꾸지 않는 사람의 차이는 크다. 팔십 년을 꿈꾸며 살았다. 항상 새로운 환경과 위기에 도전하면서 실패와 갈등에 물러나지 않고 문제 해결을 위해 노력했다. 그것이 빤히 실패인 줄 알면서도 포기와 물러남을 두려워하지 않았다, 꿈꾸고 있는 목표와 방향을 놓치지 않으려고 수없는 시행착오를 겪으며 여기까지 달려왔다.

철부지 19살에 첫선을 보고 결혼을 했다. 생애 첫 남자였고, 마지막 남자였던 남편과 결혼하고 가정을 지키며 25년을 울면서 살았다. 그러나 정작 남편이 세상을 떠나던 날 이 넓은 세상에 혼자가 된 사람처럼 멍하니 하늘을 올려다보았다. 나 혼자 남은 세상은 두렵고 무서웠으나 사랑하는 가족이 늘 곁을 지켜주었고 주어진 환경에서 그저 잘살아보겠다는 일념뿐이었다. 그 길을 걸어오면서 문득문득 뒤를 돌아보게 하는 나이에 이르렀다.

그러니까 결혼 40주년을 맞는 즈음에 내 나이는 육십이었고, 아들 오 형제가 대학과 군 복무를 마치는 시기였다. 큰아들은 삼성중공업에, 둘째는 MBC문화방송에 합격하여 자신의 힘으로 자리를 잡고 결혼까지 하였다

남은 세 아들도 반듯한 회사의 직장인이 되었다. 그리고 차례로 좋은 배필

을 만나 결혼을 하고 아이도 낳고 행복한 가정을 꾸려가고 있다. 그러나 엄마의 마음에는 지금도 뒷바라지는 여전히 미흡했으며 이 순간도 아들들에 대한 마음 한구석에 이런저런 아쉬움이 생생하게 남아있지만 사람의 일이란 노력하면 안 되는 것도 없다는 것을 알았다.

나와 남편은 아들 오 형제를 위해 부모로서 최선을 다하려고 노력했고 그 뒷바라지는 해온 스스로에게 위로와 격려와 감사의 박수를 보낸다.

요즘 문득 그런 회상에 잠겨 들면 눈시울이 촉촉해지고 가슴에서 뜨거운 무엇이 뭉클하게 피어오른다. 생각해보면 참 용감한 산모였다. 산모는 3년은 몸조리를 잘해야 한다는 어른들의 충고에도 아랑곳하지 않고 무모하게 용감했던 것은 오 형제의 엄마였기 때문이다. 남편이 떠나고 없는 가정을 지킨다는 것은 그만큼 열정과 노력이 있어야 했고, 남다른 용기도 필요했다. 몸의 뼈에서 힘이 솟는 그 무엇을 느끼지 않고는 안온한 현재가 없다는 것을 깨달았다. 스스로 믿음을 갖고 그 믿음이 현실로 이루어지는 날까지 노력하며 살았다. 참 많이 힘들었고 많이 울어야 했지만 기쁜 날도 많았다. 한 줄 한 줄 적어온 일기장을 모으면서 61세가 되면 소박한 회고록을 묶어보겠다고 마음먹었다. 그러나 내가 걸어온 발자취를 세상에 펼쳐 찍어놓는다는 것이 그리 쉬운 일만은 아니었다. 그동안 문학동아리 활동과 자서전반을 기웃거리며 글을 쓰는 안목과 색다른 세상을 인식하고 이해하는 방식을 꾸준히 공부하며 겨우 진정한 삶이 무엇인지 나이 팔십에 이르러서야 희미하게나마 알듯 말듯 할 무렵 롯데백화점 문화센터에서 나정호 작가의 강의를 듣게 되었고 뜻이 있는 곳에 길이 있다는 선물 같은 계시를 받으며 과거로의 여행 "모란이 피네"를 발간하는 기회를 얻었다. 그리고 모든 일이 무탈한 항해를 하듯 순조롭게 일사천리로 진행되었다. 이 지면을 통해 나정호 교수님께 진심으로 감사를 드린다.

내가 살아온 시대와 내 아이들이 살아가는 이 시대는 정서도 다르고 또

며느리와 손자, 손녀들이 살아가는 세상의 문화가 많이 다르다는 것을 이제 희미하게 보이기 시작한다.

미흡하다고 생각하지만, 용기를 내어 걸어온 생을 한 권의 책으로 묶기로 했다. 내 이름을 기억하고 함께 인연의 고리를 이어가고 있는 모든 분에게 나의 역사를 들려주게 되었다. 부끄럽지만 마음이 후련하다

그런 의미에서 가족 모두에게 감사하고 고맙고 미안하다. 백번을 불러 봐도 가슴 벅차오르는 내 아들 정말 사랑한다. 자신의 위치에서 묵묵히 자기 길을 걸어가고 있는 가족에게 힘찬 박수와 응원을 보낸다.

2019년 입춘을 지나면서

김대업

■ 차례 ■

1부
만남

2부
가족의 힘

3부
소통과 화목

4부
복할머니

1부

만남

내 마음의 고향

사람들은 내 말투를 듣고 고향을 묻는다. 그때마다 멈칫한다. 요즘 세상에 한평생 고향에 뿌리내리고 살아가는 사람을 만나기란 쉽지 않다. 그만큼 내가 살아온 시대와 문화로부터 멀어지고 있다는 것을 느낀다.

*

그런 의미에서 내 고향이라고 말할 수 있는 곳은 경상남도 남해군 이동면 다정리다. 나는 1937년 6월 26일 이동면 다정리에서 태어나 세 살 때 남해읍으로 이사를 와서 1949년까지 유년 시절을 보내며 성장했다. 내 고향 집은 남해읍에서 가장 풍수가 좋은 위치에 있었고 남해읍 초등학교에서 가파른 언덕을 내려오면 오른쪽에 있는 기와집이었다. 그 집은 대지780㎡ 건물이 450㎡에 이르는 큰 집으로 남해읍이 한 눈에 펼쳐 보이는 집은 교육환경은 물론이고 풍광이 시원하게 트여 전망이 좋았다.

그 고향 집에서 조금 내려오면 제법 큰 인쇄소가 있었는데, 바로 아버지가 운영하는 건물이었다. 직원이 5명밖에 안 되는 작은 인쇄소였지만 살림도 할 수 있을 만큼 잘 지은 건물로 일제 치하에서도 아버지가 운영하시는 인쇄소는 상당한 부를 쌓으며 번창했다.

지금은 옛날 인쇄소의 숨결은 사라지고 없지만 아사이다이교(조일 대업) 인쇄소 관리자와 또 인쇄소를 찾아오는 사람마다 나를 안아주기도 하고, 예뻐해 주었다. 그리고 인쇄소 맞은편 큰길에는 여관이 있었는데 일본 사람들이 많이 드나들었다. 그때 내 나이가 3살이었고, 한창 귀여웠을 어린 나를 아버지는 아끼고 사랑해주셨다.

*

"너는 의사가 되어야 한다"

아버지가 안아주시면서 귀에 대고 말씀하실 때마다 진짜 나는 의사가 되어야 했다. 아버지가 사랑하는 만큼 내가 의사가 되는 것이 아버지를 위하는 길이라고 생각했다.

"그래, 우리 대업이 뒷바라지하려면 한눈팔지 않을 거야!" 입버릇처럼 말하던 아버님과 어머님은 사이도 참 좋았다. 그 집은 나무 바닥재로 짜 놓은 대청마루가 쾌 넓고 좋았는데, 그 대청마루에 앉아 계시는 아버지의 모습은 참 멋있고 듬직했으며 따뜻했다. 언젠가 아버지가 두 다리를 올려 발목에 태워 주었는데 그때의 어렴풋한 기억이 떠오르면 세상에 무엇보다 더 행복한 시절이요 추억이다. 어려서부터 부모님에게 순종하고 예체능에 뛰어난 나는 또래와도 우정이 깊어서 친구가 유별나게 많았다.

또 그 집에 살면서 10살 어린 나이에 좋은 친구를 만났다. 그 친구들이 조정은, 윤미령이었다. 우리는 삼총사로 통했고 이 친구들이 동생들과 조카를 업고 다니며 온 동네를 쓸고 다녔다. 학교 운동장, 모래사장으로, 설탕 가게 앞, 자동차 차부에 딸려 있던 공터를 몰려다니며 놀았다. 그 무렵 친구들과 놀이에 빠져 있다가 두 동생을 팽개치고 소꿉놀이를 하러 다니곤 했다.

그때 내 나이는 10살, 남해초등학교 3학년이었다. 그러니까 그 무렵은 1종 전염병이라고 불리는 홍역이 한참 창궐하던 때였다. 우리 집에서 일하는 분이 이제 막 2살 된 막내 남동생 정민이를 업고 막내 고모 집에 놀러 갔다가 홍역을 옮겨오고 말았다.

그 시대의 홍역은 징벌이었다. 그 홍역에 걸려 50일 만에 사랑하는 남동생 정대, 정윤, 정영, 정민이가 어린 나이에 세상을 떠나자 그 소문은 남해읍에 순식간에 퍼졌다. 부모님은 남부끄러운 일이라며 좌절과 실의에 잠겼다. 그러한 상황에서도 우리 집 살림은 풍요했다. 당시 보리밥도 먹기 힘들었던 시절이었는데, 가죽구두에 양단 치마저고리를 입고 모자를 쓰고 다녔다. 학교에서도 인쇄소에서 일하는 사람이 갖다 주는따뜻한 점심을 먹었다. 한마디로 말하자면 우리 집에 하나뿐인 공주였다.

*

아버지는 남해의 인쇄소를 운영하면서 또 진주 남성동에 가죽공장도 운영하셨다. 아버지가 가죽공장을 시작하실 때 중학교 1학년이었고 아버지를 따라 남해에서 진주로 이사를 했다.

그러나 남해를 떠나면서 가장 아쉬운 것은 두 친구였다. 진주와 남해를 오가면서 죽마고우 소꿉친구를 만나러 다녔다. 버스 멀미가 극심한 편인데도 그만큼 친구를 좋아했다. 특히 진주 남강에 대한 아련한 추억은 잊을 수가 없다. 친구 정은이와 함께 남강에서 놀이 빨래를 하고 돌멩이에 올려놓고 말리던 그날은 유별나게 햇살이 좋았었다.

진주는 나의 두 번째 고향이기도 하다. 남강에 가면 옛사람의 흔적은 사라지고 없지만 내 마음에는 여전히 남강의 물살 소리가 요동친다. 그런 의미에서 남해와 진주는 내 삶의 원천이고, 희망이며 꿈이다

첫 단추

여성으로서 한 남자를 만나 가정을 이루고 산다는 것은 축복이며 사랑의 완성이다. 가정을 이루는 것도 소중했고, 전문직업인으로 당당하게 사회활동 하는, 이른바 신여성이 되고 싶었다. 하지만 그 시대와 문화에서는 가정을 꾸려가면서 전문 직업여성으로 활동한다는 것이 쉽지 않은 일이었다.

1957년 1월 12일 결혼을 했다. 남편은 23살이었고, 나는 철없는 20살이었다. 남편은 해병대 헌병 출신이었으며, 나는 준교사였다. 시댁은 전형적인 시골 농촌 마을이었다. 시아버님은 보수적이면서도 워낙 말수가 없으셨다. 당시 농촌에서 보기 드물게 신교육을 받으신 분으로 덕망이 높고, 마을에서도 존경받는 분이셨다. 시어머니는 성장기에 일본과 만주를 다녀와서 세상 보는 안목이 넓으셔서 어린 며느리를 잘 이해해 주셨다.

무엇보다도 시아버지는 내가 학교 강사라는 신분을 은근히 자랑스러워하셨다.

이동면에는 5일마다 무림 장이 열렸다. 그 시대의 5일 장은 물건을 사고파는 날이기도 하지만 이웃 마을과의 정보교환의 날이며, 소통의 장이 되는 날이었다.

시아버지와 친정아버지는 오래전부터 가깝게 지내는 사이였다. 그런데 무림 장날 두 분이 만났는데 시아버지가 친정아버지를 불러 세웠다.

"자네 딸, 나한테 주게나"

시아버님이 다짜고짜 나를 며느릿감으로 달라는 거였다. 친정아버지는 내키지 않아서 싫다고 했는데, 시아버지는 우리 집까지 찾아오셔서 끈질기게 친정아버지를 조르셨다. 그 무렵 학교의 안과 밖에서 여성으로서 주가가 한창 상승하고 있는 시기여서 그걸 알고 있는 친정아버지는 고민을 많이 하셨다. 그만큼 이 딸을 사랑했다는 증거다. 쏟아지던 비가 거짓말처럼 그쳤다. 전날 내린 비로 모린내천이 불어 있었다. 거짓말처럼 햇살이 쨍하고 떴다. 마당에서 아버지가 나를 불러 세웠다.

"오늘 아버지 친구 아들이 맞선 보러 온다"

나는 깜짝 놀랐다. 더구나 갑자기 맞선을 본다는 것에 당황했다. 남자는 저녁에 내린 비에 불어난 모린내를 건너오느라 젖은 신발을 신고 우리 집에 왔다. 남편과 등잔불 아래서 처음 만났다.

"정우원이라고 합니다"

남편은 한 눈에도 전형적인 한국 사나이였다. 그때 내 나이는 19세, 남편은 22세였다. 남편은 진해의 해병부대에서 현병으로 복무하고 있다고 내게 말했다. 그날 군복을 차려입은 남편은 신장이 크고 훤칠해서 거친 해병대 남자의 기운이 느껴졌다. 맞선을 보고 갔는데 며칠 지나지 않아서 남편으로부터 편지가 왔다. 남편의 편지는 따뜻했고, 열정과 남자다움이 느껴졌다. 지금도 잘 보관한 편지만 100여 통이나 된다. 우리는 처음 만난 후 결혼을 하고 떨어져 있기까지 많은 시간을 편지를 주고 받으며 사랑을 키워나갔다. 생각해보면 남편은 무뚝뚝하지만 정이 참 많은 남자였고 무엇보다 나를 많이 사랑했었다. 나중에 알게 되었지만 남편에게는 형이 한 분 있었는데 웅덩이에 빠져 이른 나이에 유명을 달리 했는데 그 마음고생을 떠안고 살아가던 그의 어머니는 남편이 12살 때 세상을 떠나신 것이다. 그래서 남편은 새어머니 보살핌을 받으며 자랐다. 새어머니는 남편에게 하루 5식을 챙겨 주며 정성을 다했다고 한다. 정씨 집안의 며느리가 되었을 때, 그 집안 친척들은 반갑게 받아주셨다. 주위에서도 신랑이 듬직해 보이고, 시댁의 살림도 넉넉해서 큰 고생은 하지 않을 것이라고 말했다.

인생에서 첫 단추는 남편과의 만남이다. 한 가장의 아내로 살아가게 된다는 것에 대한 기쁨과 행복감보다는 부모님 곁을 떠나야 한다는 두려움이 더 컸다.

사고뭉치

신혼 시절에 사고뭉치였다. 무언가 잘해야 한다는 마음이 앞서기도 했지만, 날마다 실수를 연발했다. 설거지할 때마다 모르게 젓가락을 빠뜨리고 시어머니가 아끼는 사기그릇을 종종 깨뜨려서 식구들을 당황하게 했다. 그때마다 시어머니는 오히려 내 잘못을 조용히 덮어주곤 했는 데, 속상한 마음에 혼자 글썽이며 훌쩍인 적도 많았다. 결국 시어머니는 어린 며느리를 돌봐주는 격이었다.

그 무렵 시댁에 시누이가 초등학교 2학년이었다. 그 시누이는 내가 근무하는 학교에 다녔는데, 바로 시누이의 담임선생이었다. 생각해보면 사람의 인연이라는 것이 그저 오묘하기 짝이 없어서 퇴근해서 집으로 돌아가면 그 어렵다는 시누이가 되고 학교에 출근하면 시누이는 어쩔 수 없이 나의 사랑하는 제자가 되어야 했다. 어린 시누이와 나에게 무언가 피해갈 수 없는 또 다른 인연이라고 생각하며 속으로 웃었다.

그 뿐만 아니라 학교에서 시누이에게 담임선생님 자격으로 이런 저런 잔심부름을 잘도 시켜 먹었다. 그러니까 시누이를 부려먹고, 시부모는 며느리로 부려먹은 게 아니라 오히려 모시고 사는 꼴이었다. 남편과 시댁에서 6개월을 시부모를 모시고 살았다. 한번은 딱히 직업이 없는 남편을 친정아버지가 불렀다. 그리고 남편은 친정아버지와 함께 신문보급소를 운영하게 되었다.

별을 따다

천성이 무언가를 꿈꾸고 열정을 다하려고 노력하는 스타일이다. 결혼을 하고 몇 달을 지내면서 몸과 마음이 들썩거렸다. 그래서 할 일을 찾아 여기저기 많이 기웃거렸다.

결국 이듬해 준교사 자격시험에 도전했다. 그 당시에는 준교사 제도가 있었는데 중학교 졸업자는 12과목 시험에 합격해야 하고, 고등학교 졸업자는 4과목 시험을 치러야 하는 새로운 도전이었다. 각 과목 70점 이상을 받아야 했으니 만만하지 않았다. 그러나 공부 욕심이 많은 나는 덜컥 12과목 과정에 도전하기로 했다. 당시 고졸 지원자들은 미술, 음악, 체육, 교육학, 철학 과목을 6개월 교육을 이수하고 준교사 자격을 취득했다.

준교사 시험에 도전한 나는 첫 시험에서 4과목을 모두 합격했고, 고졸자 과목의 체육, 미술, 음악과 철학 교육과목도 당당하게 70점 이상을 받았다. 그리고 나머지 8과목도 3번을 응시해서 무난히 준교사 자격을 얻었다.

1958년, 마침내 하늘의 별을 땄다. 꿈은 이루어졌고 또 다른 중학교 강사로 출강하게 되었다. 맡은 과목은 미술과 가정, 무용이었다. 그래서 수업이 있는 날만 학교에 출근하면 되었다. 강사 신분이라 시간이 많이 남았고 수업이 없는 날은 남편과 함께 야외를 나가서 오붓한 시간을 보냈다.

오래전 일이지만 그 시절을 돌아보면 가장 보람 있었고 행복한 시간이었다. 그러나 살림은 여전히 넉넉하지 못했다. 직장이 없는 남편을 대신해서 학교에서 나오는 강사료가 생활비 전부였다.

첫 아이를 임신하고 9개월이 되는 달이었다. 집주인이 갑자기 방을 비워달라고 했다. 남편과 내가 살던 그 셋집은 노부부가 살고 있었는데, 주인이 내 배가 제법 불러오는 모습을 보고 이사를 하라는 것이었다. 대낮에 벼락을 맞은 것 같았다.

주인집에서는 자기 딸이 이사를 온다고 빨리 방을 비워달라고 채근했다. 그렇다고 그 집에 다른 빈방이 없는 것도 아니었다. 처음 며칠 동안 집 주인을 많이 원망했다. 그런데 집주인 딸이 산달이 되어 친정으로 아이를 낳으러 온다는 것이었다. 나중에 알았지만 같은 지붕 아래서 두 아이가 한 해에 태어나면 한쪽 아이가 잘못된다는 것이었다.

그러나 사정은 나도 마찬가지였다. 당장 산달에 방을 구하러 다녀야 했다. 하루가 다르게 불러오는 배를 감싸고 며칠 동안 이동읍내를 돌아다녔다. 결국 읍내에는 빈방이 없어서 변두리까지 돌아다녔다. 그리고 미나리꽝이 있는 집인데 마침 빈방이 있었다. 살림살이라고 하지만 고작 숟가락 두 벌 보리쌀 5되 쌀 2되가 전부였다. 남편과 보퉁이 몇 개를 꾸려 소달구지에 실었다. 그리고 소달구지에 걸터앉았는데 배가 아파오기 시작했다.

남편은 대충 짐을 내려놓고 아궁이에 불을 지폈다. 사랑니처럼 드러나 있는 구들에서 불꽃이 피어오르며 방바닥 위로 활활 타올랐다. 그 집은 애초부터 수리가 필요한 집이라서 여기저기 사람의 손길을 기다리고 있었다. 남편과 나는 아픈 배를 움켜쥐고 대충 구들을 고쳐서 살기로 했다. 하지만 더 큰 걱정은 따로 있었다. 배는 점점 아파지는데 어린 산모를 돌봐줄 사람이 25살짜리 남편뿐이었다. 첫 아이의 엄마가 된다는 설렘과 몸을 풀고 돌봐줄 사람이 없다는 두려움이 마구 교차하면서 눈물이 나왔다. 남편이 없을 때는 방에서 혼자 펑펑 울었다. 눈물은 내 눈에서만 나오는 것이 아니라, 몸에서도 흘러나왔다.

그날 저녁 갑자기 산통이 시작되었다. 남편은 당장 어쩔 줄 몰라서 당황했고, 나는 울부짖었다. 마침 이웃집 할머니가 찾아오셔서 출산을 도와주셨다. 요즘 세상에는 보기 드문 일이지만 그 시절에는 그래도 이웃에 대한 인간미가 살아 있었다.

*

아들 상훈 이는 미나리꽝 집에서 태어났다. 탯줄은 남편이 잘랐다. 남편은 아이를 목욕시키고 미역국을 손수 끓였다. 그날 아버지 노릇을 톡톡히 해내는 남편의 모습을 지켜보면서 눈시울이 촉촉했다. 한 남자를 만나서 처음 느껴보는 행복감 때문에 다시 그날을 떠올려 봐도 나의 남편은 세상에서 한 명뿐인 정씨 가문의 훌륭한 산파였다. 시아버지께서 손자의 이름을 이미 지어놓은 상태였다.

첫아들을 낳을 때 많이 힘들었다. 아이의 머리가 나오는데 3번이나 쉬어야 했고 너무 고통스러웠다. 몸에서 아이가 빠져나오는 시간은 상당히 길었다. 첫아들을 가졌을 때 입덧은 풋사과와 녹두죽으로 해결했다. 이상하게 생각할 정도로 배가 많이 부르지 않아서 첫아이를 임신한 채 초등학교 운동회를 준비한다고 겁도 없이 운동장을 잘도 뛰어다녔었다. 또 강사로 근무하던 이동중학교도 빠지지 않고 수업을 진행했다.

첫아들의 탄생으로 온 집안이 경사가 났다. 아들은 콧날도 우뚝하고 한눈에도 미남이었다. 남편은 세상을 다 가진 것처럼 기쁨을 나눴다. 무엇보다도 시부모께서 좋아하셨다. 출산 소식을 듣고 당장 시댁으로 들어오라는 것이었다.

급기야 시어머니께서 우리 집으로 직접 달려오셨다. 손수 미역국을 끓여주셔서 젖이 많이 나왔고, 아들은 내 가슴에 안겨 초롱초롱한 눈으로 나를 바라보았다. 그 무렵 세상에서 제일 행복한 엄마였다. 무엇보다도 잊을 수 없는 일은 시어머니에 대한 고마움이었다. 한 달 동안 가만히 눕혀놓고 햅쌀밥에 살림이며 산후조리를 해주셨다. 생각해보면 시어머니는 나를 많이 사랑해주셨고, 딸자식으로 돌봐주셨다. 그 사랑과 고마움이 나에게는 용기가 되었고, 희망이 되었다.

부산, 국제시장

여성으로 태어나서 어머니가 되는 일은 세상에서 가장 아름다운 축복이며, 행복이다. 그러나 반드시 책임감이 따른다. 세상의 모든 어머니가 그러하듯이 나도 첫아들의 엄마가 되고 나서 스스로 강해져야 한다는 것을 느꼈다.

1958년 12월 19일 음력 설날을 앞두고 모린내는 바람이 몹시 불었다. 첫아들을 출산하고 10일 만에 시댁을 찾아갔다. 남편은 아이를 담요에 돌돌 말아 안고 10여 리 길을 걸어갔다. 그 후유증으로 온몸에 두드러기가 나고 몸살이 나서 결국 그대로 눕고 말았다.

"이제 우리 손주까지 아들이 둘이다!"

시아버지는 아이를 보고 좋아서 기쁨을 감추지 못하는 시아버지께서는 나이 어린 며느리를 끔찍하게 사랑해주셨다. 시어머니도 살림살이에

서툴고 하는 일마다 실수가 잦은 며느리를 묵묵히 사랑으로 안아주시고 격려해주셨다. 그래서 힘겨운 고비를 만날 때마다 하늘나라에 계시는 시부모와 친정 부모가 우리 가족을 지켜주고 있다고 생각하며 살아왔다.

장남이 태어나고 우리 가족은 세 식구가 되었다. 아들이 100일이 지나는 즈음에 다시 이사를 했다. 새로 이사한 집은 부엌과 방이 따로 있는 단독 주택이었다. 그 무렵 신혼 때부터 남편 모르게 지인들과 함께 1959년부터 100만 원을 목표로 하는 모임 계를 넣고 있었다. 총 12명으로 구성된 계원 중에서 4번째 차례에 100만 원을 타는 계였는데 목돈 마련하는 데는 은행보다 계가 이윤이 높았지만, 남편이 반듯한 직장이 있는 게 아니어서 훗날을 계획하고 있었다. 그렇다고 남편이 별다른 경제활동을 하는 것도 아니었다. 그런 남편이 어떻게 눈치를 챘는지 당장 장사를 하겠다고 선포했다. 장남이 태어나고 식구가 한 명 늘어서 남편도 은근히 걱정하고 있었던 모양인지 친구와 동업을 하겠다고 했다. 처음에는 극구 만류하고 싶었지만 그래도 남편의 사기를 살려주고 싶었다. 결국 총 12명으로 구성된 계원 중에서 4번째 차례에 100만 원을 탔다. 결국 목돈 마련하겠다는 것이 오히려 8달이나 높은 이자를 치르게 된 셈이었다.

"고마워, 내가 잘해볼게"

남편이 100만 원을 받아들고 아들과 나를 번갈아 바라보았다.

"편지 자주 하시고요, 힘들면 그냥 돌아오세요"

무엇보다 남편의 건강이 걱정되었다. 남편은 곧 부산으로 떠났다. 그리고 남편에게서 연락이 온 건 2개월 만이었다.

"당신이 부산으로 와야겠는데?"

"아니? 직장은 어쩌고요"

그 무렵 이동중학교 강사로 근무하고 있었다.

"며칠 전에 장사 시작했어"

남편이 부산에 살림집도 마련했고, 장사도 이제 막 시작했다고 말했다. 나는 좀 의아했지만 그래도 남편 혼자 객지에 나가 있는 것도 마음에 쓰였던 참이었다. 더구나 그 무렵 둘째 딸을 임신한 상태였다.

1960년 여름, 꿈과 애정을 가지고 강사로 근무하고 있던 이동중학교에 사표를 제출했다. 그리고 둘째 아들을 업고 부산행 순행선 버스에 올랐다. 창밖으로 넓은 들판과 강이 흐르고 있었다. 그 강물이 끝도 없이 이어지는 것이 마치 내 인생을 닮았다고 생각했다.

버스는 8시간을 달렸다. 남편은 부산 공고 근처의 검정 다리에서 브로치를 팔고 있었다. 장사는 목이 좋아야 하는데, 사실 검정 다리는 오가는 사람도 별로 없고, 품목도 마땅하지 않았다. 장사도 썩 되지 않았고 브로치를 팔아서 의식주를 해결하기는 어림없는 상황이었다. 결국 먼저 탄 곗돈 100만 원 중에서 10만 원을 남겼고, 우리 가족은 월세 2만 원씩 지급해야하는 2층의 다다미방을 얻어서 살았다.

그해 겨울 다다미방에서 둘째 딸을 낳았다. 이번에도 남편이 탯줄을 자르고 목욕을 시키고 뒷바라지를 잘도 해주었다. 그러나 당장 먹을 것이 없어서 강냉이 가루를 풀어 당면 부스러기를 띄워 먹어야 했다. 미역 살 돈이 없어서 시래깃국으로 대신해야 했다. 어린 딸에게 겨우 젖은 물릴 수 있었다. 그런데 시래깃국 때문에 배탈이 나고 말았다. 며칠을 공동 화장실을 오가야 했다. 그 공동 화장실에는 항상 사람들이 200m가 넘도록 줄을 서 있었고, 산모인 나에게는 화장실 가기가 너무 고통스럽고 힘들었다.

둘째 딸을 순산하고 우리 가족은 4명이 되었다. 며칠 동안 잠을 못 자고 돌아누워 있던 남편이 막노동하겠다고 집을 나갔다. 처음에 막노동하러 나가는지 전혀 눈치채지 못했는데 아침 일찍 집을 나간 사람이 저녁에 돌아오는데, 옷차림이 이상했던 것이다.

"힘들어서 어떻게 해요?"

피곤해서 엎치락뒤치락하는 남편이 너무 힘들어 보였다.

"어떻게든 살아야 할 거 아냐"

남편은 두 아이와 나를 번갈아 보면서 버릇처럼 말하면서 막노동이 없는 날에는 두 아이의 아버지라는 책임감 때문에 장사를 다녔다. 남편이 없는 집에서 두 아이를 데리고 수를 놓았다. 수를 놓으면서 생각을 했다. 내 아이들에게는 힘겨운 삶을 물려주지 않아야겠다고 결심했다.

그 무렵 시아버지께서 우리 가족의 경제 상황을 눈치채고 빨리 남해로 내려오라며 장문의 편지를 보내주셨다.

"아냐, 성공하기 전에는 못가!"

물끄러미 편지를 읽고 있던 남편이 말했다.

"그래요, 당신 반드시 일어서요"

나도 남편과 같은 생각이었다. 어느 정도 자리를 잡을 때까지 고향에 가지 말자고 고집을 부리면서 이듬해 음력 설날 남편은 새벽에 복조리를 팔러 나갔다. 식구가 네 명이나 되는데 남편도 나도 당장 생계를 걱정하지 않을 수 없는 상황이었다. 그해 설날은 유난히 춥고 바람이 많이 불었다. 종일 복조리를 들고 돌아다니는 남편을 기다리면서도 마음이 너무 아프고 시렸다.

남편은 한동안 이런저런 장사를 하면서 살림을 보태보려고 노력했다. 장사를 다니다가 거리에 차려놓은 남의 차례상 음식으로 허기를 채우기도 했다. 집으로 돌아온 남편이 조심스럽게 그런 말을 할 때마다 가슴이 무너지고 먹먹했다. 무언가를 해야만 했다. 혼자 하기 어려운 일도 둘이 나누어 하면 마음으로나마 안정될 것이라는 생각으로 둘째 딸이 4개월쯤 되었을 때 고구마를 삶아서 구름다리에 나가 팔았다. 둘째 딸은 내 등에 업혀서 같이 놀아달라고 응얼거리는데, 큰아들은 내 손을 잡고 잘도 따라다녔다.

고구마를 팔고 집으로 돌아가는 길에 국제시장을 자주 들렀다. 국제시장에는 고향 사람들이 많았다. 그 길을 지나면서 유심히 살펴보았다. 그 무렵 국제시장에는 도매 물건을 사러 오는 남해 사람들이 많았다. 어느 날 내가 용기를 내어 밑천 없이 두 아이를 데리고 할 수 있는 장사가 무엇인지 찾아다녔다. 여러 점포를 기웃거리며 돌아다니다가 껌과 사탕을 팔아보자고 결심하고 껌과 사탕이 들어있는 광주리를 들고 거리에 나왔지만, 목에서는 말이 나오지 않고 눈물이 나왔다.

"껌… 사세…요", "사…탕…, 사세요"

어느 날 문득 사람이 죽음을 각오하면 못할 일이 없다는 불현듯 그런 생각이 들면서 두꺼운 얼굴로 껌과 사탕을 팔았다. 몸과 마음이 힘들 때는 어린 두 자식과 남편을 떠올렸다. 남편도 밑천 없이 물건을 받고 팔아서 원금을 치르는 발 장사를 했다.

남편과 나는 두려움이 없었다. 두 아이의 미래를 생각하면 어떤 일이라도 하겠다는 각오였다. 장사를 마치고 집에 돌아오면 남편과 서로의 다리와 어깨를 주물러 주면서 위로했다. 아무것도 모르는 두 아이는 잘도 자랐다.

열심히 장사를 해서 어느 정도 돈이 모이고, 우리 가족은 1층 온돌방으로 이사를 했다. 남편은 다시 건축 공사장에서 막노동을 했다. 그때 남편의 나이는 27세, 젊은 나이에 온갖 고생을 다 했다.

부산에서 고생하고 있다는 소식을 전해 들은 친정아버지와 여동생은 돼지저금통을 털어서 돈을 보내왔다. 그 돈을 받아들고 나는 펑펑 울었다. 사실 남편에게도 말하지 못했다. 자존심 강한 남편이 처가에서 저금통 털어 보내왔다고 말하면 그 또한 마음이 편하지 않을 것이라고 생각하고 친정에서 보내온 돈은 그냥 생활비로 써버렸다. 그런데 얼마 후 시댁의 시어머니께서 편찮으시다는 전보가 왔다. 시간을 지체하지 말라는 추가 전보를 받고 남편이 먼저 남해로 달려갔다. 나중에 알았지만 남편이 남해군 남면 우체국 배달원으로 취직을 해서 바로 근무하게 된 것이다. 처음에는 얼굴 아는 고향에서 일하는 게 부끄럽다고 투정을 부렸으나 주위에서 이보다 천직이 없다면서 남편을 달랬다.

부산에 남아 있던 두 아이를 데리고 남편이 있는 남해로 향했다. 그날도 내가 화물선에 이삿짐을 부치고 돌아오는 날이었다. 우리는 국제시장에서 껌과 과자를 팔던 길을 지나서 삶은 고구마를 팔던 부산상업고등학교 앞 검정 다리를 걸었다.

"당신, 힘들었지?"

남편이 내 손을 잡고 말했다.

"젊어서 고생은 사서 한다고 했는데, 틀린 말은 아닌가 봐요"

남편과 나는 팔짱을 끼고 그 고생했던 길을 한참을 걸었다.

부산에서의 생활은 힘들었으나 좋은 이웃들과 소소한 추억을 만들었던 곳이었다. 남해로 가는 배 안에서 눈시울을 적시며 흐느꼈다. 이제 막 무언가를 붙들고 일어서기 시작하던 둘째 딸은 내 마음을 아는지 모르는지 배 안에서 일어서려고 했다.

마침내 우리 가족은 남해군 남면 석교리에 살림을 풀었다. 그때 남면 우체국에는 형부가 있었다. 그 형부가 남편에게 많은 도움을 주었다.

유년

내 나이 11살 때였다. 아버지는 진주 남성동에서 가죽공장을 하셨는데, 그때 우리 집은 남강에서 그리 멀지 않은 곳이었다. 남강은 나의 삶에 있어서 낭만과 로망을 상징하는 도시다. 어린 시절 남강은 물이 맑고 큰 돌이 많았다. 사람들은 빨랫감을 머리에 이고 남강으로 모여들었다. 그리고 젖은 빨래를 햇볕에 달아오른 큰 돌에 말렸다. 이제 그 시절의 풍광은 사라지고 없지만 이따금 진주를 다녀올 때마다 남강을 바라보며 잠시 생각에 잠겨 들곤 했다. 남강이 흘러가는 모습을 보면 아버지를 닮아서 과묵해 보이고, 남강의 둑을 걸으면 어린 날의 어머니가 떠오르곤 한다.

진주에서도 나는 친구가 많았다. 붙임성이 좋은 편도 아니고, 활달하지도 않았지만 좋은 친구들과 즐거운 유년을 보냈고 진주는 또 다른 의미가 있는 도시다. 바로 진주에서 여동생이 태어난 것이다. 우리 가족이 진주에 살 때 1948년 4월, 지금의 여동생 귀업이가 태어났다. 여동생의 출생은 집 안의 경사였다. 부모님께서 남동생을 한꺼번에 잃어버린 뒤라서 조심스러워 하셨다. 아버지는 여동생의 이름을 '귀업' 이라 지어주셨는대 자라면서 영특한 면이 많아 부모님에게 사랑을 많이 받았다. 여동생 귀업이는 초등학교를 졸업할 때 우수상, 개근상은 물론이고 온갖 상은 다 차지했다.

공부를 썩 잘했는데 공부하는 방법이나 습관은 동생과 내가 닮은 꼴 중에 하나다. 어려서부터 경쟁심이 강했지만, 그렇다고 그 대상이 여동생이 아니고 나와 같은 반 친구였다. 왜 그런 생각이 들었는지 지금도 의문이지만 살아가면서 오랜 숙제로 기억하고 있다.

그러니까 내가 중학교 1학년 때였다. 중년이 넘은 가사 선생님이 계셨는대 성적이 1등인 친구가 그 선생님의 조카였다. 그런데 아무리 생각해도 이상했다. 항상 내가 더 잘한 것 같은데 늘 2등을 했다. 그것이 불만이었다. 하지만 졸업 때는 내가 그 친구보다 월등한 성적을 받아서 1등을 했다. 미술, 음악, 체육 등 예능과목은 물론이고 학예회 때는 연극과 무용을 비롯해 합창단에 뽑혀 실력을 날렸다.

생각해보면 나는 머리가 좋은 편은 아니었다. 다만 열심히 노력하는 스타일이었다. 공부하는 습관도 남달랐다. 먼저 학교에서 선생님 말씀을 잘 들었고, 집에 오면 혼자 복습하는 버릇이 있었다.

마침내 6.25 전쟁이 발발했다. 세상은 온통 시끄럽고 혼란스러웠다. 진주는 며칠 만에 불구덩이가 되었다. 진주 성문 앞으로 피난민이 줄을

이었다. 우리도 예외는 아니었다. 가족이 살던 집도 화마가 할퀴고 갔고, 아버지의 공장은 불에 타서 검은 뼈대만 앙상하게 남았다. 근처에 살고 계시던 셋째 큰아버님의 집과 한방병원도 불에 타버렸다.

그 이듬해 그러니까 내가 중학교 2학년 때 큰아버님과 우리 가족은 빈 몸으로 다시 남해로 갔다. 그리고 큰아버님은 남해경찰서 맞은편에서 한방병원을 개원하시고 우리 집은 남해군 이동면 용머리의 길갓집에 새살림을 꾸렸다. 아버지와 어머니는 전쟁으로 가산을 탕진하고 좌절과 실의에 잠겨 있었다. 그나마 철없는 여동생이 있어서 부모님에게 위로가 되었다. 당장 끼니를 걱정해야 했다. 어머니는 절구통에 보리를 넣어 껍질을 벗기고, 세 번씩 챙으로 까불어 가며 보리밥을 밥상에 올려놓으셨다. 그야말로 꽁보리밥이었다. 하지만 이따금 보리밥 위로 흰쌀 대신에 감자가 올라오는 때도 더러 있었다.

용머리에 있는 우리 집에서 학교까지는 8km가 채 안 되는 거리였지만 어린 나에게는 꽤 먼 거리였다. 그 용머리에서 남동생 영철이가 태어났고 여동생이 잘 자랐고 경사가 이어졌다고는 하지만 당장 생계가 막연했다.

마침 어머니가 장사를 시작했다. 막걸리를 팔기도 하고, 이런저런 장사를 하셨지만 벌이라고 할 수 없는 것이 겨우 생계를 이어가데 급급했다. 그나마 목이 좋은 집이어서 생활은 어느 정도 안정을 찾아갔다. 가난하고 풍요하지 못한 환경에서도 나와 여동생은 공부를 썩 잘했다.

꿈

꿈을 꾸면서 살아가는 사람과 그렇지 않은 사람과의 차이는 비교 대상이 아니다. 한 생을 살아가면서 의미 없이 살아가는 사람은 꿈이 없는 사람이다. 나는 유년 시절부터 꿈이 컸고, 도전해보고 싶은 것은 많았다. 그러한 꿈은 여러 차례 바뀌기도 했지만, 아무튼 꿈을 꾸고 있다는 그 자체만으로도 삶의 의욕이 생기고 열정이 솟는 것만은 사실이다.

1957년 남해여자중학교 3년 개근상을 받고, 우수한 성적으로 졸업을 했다. 그리고 진주 사범학교에 응시하여 당당하게 합격했다. 합격통지서를 받아들고 비로소 꿈을 이루게 되었다고 기쁨을 감추지 못했다. 그때 내 꿈은 초등학교 교사가 되는 것이었다. 좋은 선생님이 되어서 나라와 사회에서 존경받는 사람이 되고 싶었다. 그러나 당장 입학금이 문제였다. 5만 원이 없어서 사범학교 진학을 할 수 없는 형편이었다. 생활 형편을 빤히 알고 있는 나는 떼를 쓰지도 못하고 모린 내 둑을 걸으며 혼자 울었다.

사범학교에 입학한 친구들이 부러웠다. 그러나 진학을 포기했지만 교사의 꿈은 버리지 않았다. 진학을 포기하고도 꾸준히 독서를 했다. 워낙 독서를 좋아해서 이웃집에 있는 책을 빌려와서 밤새 읽으며 아쉬움을 달랬다.

1956년 5월, 그때 내 나이가 17세였다. 다정리 큰 아버님 논에는 모심기가 한창이었다. 나도 논에서 그 뒷바라지를 하고 있었다. 저만치에서 아버님이 급하게 나를 부르셨다

"돈 한 푼 안 받아도 좋다. 성명국민학교에 빨리 가봐라"

아버님은 생각이 깊고 정이 많으셨다. 입학금이 없어서 사범학교를 보내지 못한 것이 마음이 걸리셨던 것이다. 더구나 아버지는 나에 대한 기대가 컸다. 아버지는 '우리 대업이는 의사 만들 거야' 라고 입버릇처럼 말씀하셨다.

"무슨 일을 하는데요?"

나는 대뜸 물었다.

"가서 강사를 하든지, 급사를 하던지…, 잘 해봐!"

기쁘고 설레었다. 사범학교 진학에 대해 아쉬움은 여전했지만, 나중에 기회가 되면 반드시 공부하겠다고 다짐하고 집으로 달려가 분홍 저고리와 남색 치마를 입고 남해면 서상리로 떠날 준비를 했다. 우리 집에서 성명초등학교가 있는 서상리까지는 30리 길이었다. 마침 이모님 댁이 있었

다. 이숙은 서상면 서면 면장님으로 계셨고 집도 컸고 서면의 유지셨다. 성명초등학교는 이모님 댁에서 걸어서 3분 거리였다.

거울 앞에서 단발머리를 묶어 보고, 풀어도 보면서 나름 멋을 부려보았다. 그리고 용머리 집에서 서면에 있는 이모 집을 찾아갔다. 이모네 가족은 나보다 몇 살 많은 언니도 계시고 여동생과 남동생도 4명이나 있었다. 아무튼 이모 집에서 성명초등학교로 출근을 했다.

학교에서 급사였다. 주로 선생님들의 심부름을 하고, 수업 준비를 돕는 일이었다. 무슨 일이든 내게 맡겨진 일을 척척 해내는 모습을 보고 선생님들이 좋아하셨다. 그런데 어느 날 김상윤 선생님께서 나를 찾으셨다.

"담임을 맡으라고요?"

아이들의 담임을 맡아보라고 하셨다. 망설일 이유가 없었다. 천성이 위기와 도전에 강한 성격이라서 오히려 좋은 기회가 왔다고 생각했고 주저하지 않고 아이들의 담임선생님이 되겠다고 말했다.

그때 내 나이 17세, 꽃으로 표현하자면 꽃망울이 채 맺히지 않은 나이였다. 첫 담임을 맡은 아이들은 눈빛이 초롱초롱했고, 풋풋하고 여린 살 냄새가 나는 아이들이었다. 장난기가 그대로 묻어나오는 모습이 샘물처럼 맑고 순수했다.

"그래, 내 꿈은 바로 이거야!"

첫 수업을 마치고 이모네 집에서 밤새 잠을 설쳤다. 아버지께서 이 철없는 딸의 속마음을 빤히 해바라기 하고 계셨다는 것을 알고 밤새 눈물을 흘렸다.

성명초등학교에서 선생들은 나를 무척 귀여워해 주셨다. 이따금 선생님들이 나를 놀리기도 하고 장난을 잘 받아주었다. 무엇보다 아이들이 나를 잘 따르고 무슨 일이나 잘 해내는 내 모습이 선생님들 눈에는 대견해 보였던 것이다.

성명초등학교에서 6개월을 근무하고 여름방학이 되어 부모님이 계시는 이동면 용머리 집으로 돌아왔다. 집에서 다시 독서를 하고 수를 놓으며 지냈다. 하지만 아이들이 보고 싶었고, 방학이 너무 길었다.

그런데 남해군 이동면 초음리에 있는 다초초등학교 교감 선생으로부터 편지를 받았다. 그 교감 선생은 남해초등학교 때 나를 귀여워해 주던 은사님이셨다. 다초 초등학교는 용머리 집에서 걸어서 5리 길이었다. 편지의 내용은 요즘 말로 강사초빙이었다.

'김 선생, 너무 멀리까지 다니지 말고, 집에서 가까운 우리 학교에서 근무하는 것은 어떻소?"

마침 다초초등학교에는 내 초등학교 때 유선엽 은사님이 계셨고, 중학교 1년 선배 고금아 선생님도 계셨다. 너무 기쁘고 반갑고 감사했다. 다초초등학교에서 2학년 담임을 맡았다. 그리고 오후 시간에는 글을 읽고 쓰지 못하는 문맹자들을 위한 문맹 퇴치반을 맡아서 지도했다. 즐겁고 보람 있고 행복한 학교생활이 계속되었다. 그때 나이는 18살이었다.

그 무렵 남녀 동창생 중에서 만학도가 많았다. 이따금 내가 근무하는 다초초등학교를 지나 이동중학교로 통학하는 동창생들을 만나곤 했다. 나는 근처 도갓집에 친구들을 불러 모아 막걸리와 간식을 대접하며 이야기꽃을 피웠다.

그해 가을 다초초등학교 에서 가을 운동회를 준비하고 있었다. 그 무렵 나는 운동회의 꽃은 무용이라고 생각했다. 그리고 예체능 분야에 관심이 많았던 나는 현대무용에도 어느 정도 지식과 상식을 갖추고 있었다. 나는 아이들과 함께 현대 무용을 연습했다. 곁에서 가만히 지켜보던 선생님들이 놀라시고 창의적이고 아름다운 율동이라며 격려와 응원을 보내주셨다. 물론 여러 선생님이 도와주셔서 운동회에서 박수갈채를 받았지만 좀 부끄럽기도 했다.

다초초등학교 운동회의 무용은 남해군에 온통 소문이 났다. 그래서 운동회 때만 되면 여러 학교에서 나를 초빙하고 운동회 무용을 지도해 달라는 주문을 했다. 덕분에 남해에서 운동회를 빛내는 선생으로 통했다.

이듬해 1955년 봄, 3학년 담임을 맡았다. 학교의 강사 경력이 쌓이는 만큼 어쩔 수 없이 교사가 되어가고 있었다. 지금도 잊히지 않는 일이 있다. 한 학생이 무엇을 잘못했는지 기억이 가물거리지만 그 학생을 교단 앞으로 불러내어 뺨을 때렸다. 그런데 그 학생이 울지도 않고 초롱초롱한 눈으로 체벌을 달게 받아들이는 것이었다. 그렇다고 천성이 욱하지 못하고 심사숙고하는 성격인데 내가 그때 왜 그랬는지 지금도 떠올려 보면 내 마음은 회초리를 맞은 것만 같다. 언젠가 다시 만나면 미안하다는 말을 꼭 하고 싶다.

다초초등학교 문맹 퇴치반에서도 보람 있었다. 어르신들이 '샌생님!' 하고 따르셨는데 내 부모님이라 생각하며 열성을 다했다. 교육내용은 문맹자의 문해교육과 한글 바로 쓰기였다. 우리나라는 해방 전후 문맹자가 많았는데 결국 국가에 큰 부담이 되었다. 다초초등학교의 문맹퇴치반도 결국 지역 주민의 자발적 참여로 이루어졌다.

글을 읽지 못한다는 것은 세상을 읽지 못한다는 의미이기도 하다. 젊은이도 포함된 어르신이 한 글자 한 마디 따라 읽어 가는 모습을 지켜보면서 보람 있고 행복했던 시간이었다.

그해 가을

자식을 잃어본 엄마의 마음은 한결같다. 어린 핏덩이를 가슴에 묻었다. 아직 피지도 않은 꽃망울을 가슴에 묻고도 지금까지 살아왔다. 여자로서 아이를 갖는다는 의미는 더 없는 축복이지만 아이를 잃는다는 것은 너무나 큰 죄악이며 형벌이었다.

1960년 7월, 그해 여름 너무도 아픈 시련을 겪었다. 딸을 낳았다는 기쁨이 오래가지 못했다. 8개월이 되었던 즈음 무엇이나 잡고 일어서며 재롱을 떨던 딸아이가 많이 아팠다. 밤새 딸아이를 부둥켜안고 울부짖었다. 정말 하느님과 부처님이 계신다면 너무도 가혹한 시험이었다.

이동면에 시설이 좋은 병원이 있다는 말을 듣고 단숨에 달려갔다. 의사는 딸아이의 병이 '단' 이라고 말했다. 생전 처음 들어본 병명이었다. 의사는 나을 수 있는 병이 아니라며 혀를 찼다.

"손을 쓸 수 있는 병이 아니라서…요"

의사가 머리를 좌우로 흔들었다. 조마조마했다. 숨통을 조여 오는 절박감이 온몸을 짓눌렀다.

"살려주세요, 선생님!"

울부짖었다. 하지만 의사가 제법 큰 주사를 놓았지만 아이는 차도를 보이지 않았다. 싸늘하게 식어가는 아이의 심장을 가슴에 묻으며 통곡했다. 하늘이 무너지고 땅이 주저앉는 것만 같았다. 아무리 생각해도 내가 무지해서 딸을 잃어버린 것만 같았고 그 자책감은 지금까지도 지우지 못하고 가슴에 고스란히 상처로 남아 있다.

꽃망울 같은 딸을 보내고 좌절과 시름에 빠져 앓아누웠다. 남편도 크게 상심하면서도 나를 염려했다.

"어쩌겠어 거기까지가 그 아이 운명인데…."

남편은 물끄러미 저녁 하늘을 바라보며 말했다. 그때 남편이 무심하다는 생각이 들었다. 남자들은 저렇게 쉽게 포기하고 쉽게 잊기도 하는구나, 라는 생각이 더욱 더 아프게 했다. 울먹이며 원망스러운 눈빛으로 남편을 바라보았다.

"당신은 내 마음을 알기나 해요?"

남편은 아무 대꾸도 하지 않았다. 내 눈을 피해 저만치 먼 산을 바라보았다. 그때 내가 여자으로 태어난 것이 그토록 밉고 괴로웠다. 남자로 태어났더라면 저렇게 쉽게 잊어버리고 가슴에 묻어둘 것조차 없을 것이라고 생각했다. 9개월 된 딸아이를 묻고 와서 남편과 한동안 서로 말이 없었다. 마음을 추스려도 괴롭고 힘겨웠다.

어느 날 들길을 걸으며 생각에 잠겼다. 내 모습이 한여름 밤에 떠 있는 별 같았다. 풀벌레가 울었다. 그 풀벌레 울음이 그대로 내 울음이 되었다. 가슴에 채 묻히지 않은 아이가 자꾸만 엄마를 찾는 울음으로 들려왔다.

한동안 마음은 동그마니 빈 운동장이 되었다. 그 운동장 같은 허전함을 달래는 길은 못다 한 공부만이 가능했다. 다시 공부를 시작해야겠다고 마음먹었다.

브라더 종훈

사람이 살다 보면 예상하지 못했던 일들이 일어나고 또 뜻밖의 행운을 만나기도 한다. 그러니까 1961년 우리 가족에게 재미있는 일이 생겼다. 그해 3월 남편이 이동면 우체국으로 발령이 났다. 우리 가족은 우체국 근처의 단칸방에 살림을 꾸렸다. 바로 집 앞이 시장으로 통하는 집이었다.

사실 살림은 풍요하지 못했으나 행복했다. 나도 다시 이동중학교에 출근을 했다. 그리고 그 집에서 얼마 지나지 않아서 둘째 아들 종훈이를 가졌다. 종훈이도 큰아들처럼 입덧도 잠잠했고 별다른 증상도 없었다.

남편과 제법 따뜻한 가정생활을 꾸려갔다. 그리고 이듬해 1962년 5월 한창 모심기 철이었다. 출산일이 가까워질 무렵 나는 시댁으로 들어갔다. 아랫배에 통증이 느껴졌다. 논에서 모심기를 하시던 시어머니가 일손을 놓고 달려오셨다.

아무튼 둘째도 순산했다. 태어날 때부터 건강한 아이였다. 남편은 좋아서 어쩔 줄 몰라 했다. 무엇보다도 시부모는 기쁨을 감추지 못했다.

시댁에서 한 달간 산후조리를 마치고 다시 이동에 있는 집으로 돌아왔다. 유별나게 젖이 풍족해서 둘째 아이도 건강하게 자랐다. 시아버지는 입버릇처럼 '나는 아들이 셋이다!' 며 동네사람들에게 자랑하고 다녔다. 그리고 한 번씩 집으로 찾아오셔서 춥다고 문풍지를 발라주고 손수 장작을 쪼개며 즐거워하셨다.

그 무렵 집 근처에서 무료영화가 상영되고 있었다. 집 앞 시장통에서 상영하는 영화인데 3일 동안 경품이 걸려있는 공연이었다. 남편과 3일 동안 경품권을 모았다. 그리고 마지막 날 추첨 한다는 것을 깜빡 잊고 우리 가족은 잠이 들고 말았다. 그런데 둘째 아들 종훈이가 칭얼대는 것이었다. 어르고 달래도 잠들지 않고 울었다. 문득 경품권 생각이 나서 종훈이를 업고 시장의 무료영화상영장으로 갔다. 그런데 경품 대상이 기권번호가 나오고 다시 부른 번호는 내가 손에 쥐고 있는 경품권 번호였다. 당장 3,000원이 있어야 했는데 그 3,000원을 부면장님이 대신 내주셨다. 그래서 경품권으로 브라더 재봉틀을 타게 된 것이다. 부면장님과 동네 사람들이 기뻐해 주고 축하파티를 열어야 한다고 했다. 남편이 근무하는 우체국에 갔더니 벌써 술상이 크게 한 상 차려져 있었다.

잠자고 있던 남편은 비몽사몽 깨어나 우체국으로 달려갔다. 그날 밤 집으로 돌아온 남편은 재봉틀 부속을 순서대로 맞춰놓고 내 앞에 내밀었다. 사실 재봉틀은 꼭 갖고 싶은 물건이었다. 아이들이 자라면서 재봉틀을 가지고 있는 집을 보면 늘 부러웠다.

1962년 그시절 재봉틀은 어느 집안이나 가보였다. 당첨에 대한 소문은 널리 퍼졌다. 재봉틀을 핑계 삼아 친구들에게 술을 사야 했고 음식을 접대하면서 오히려 재봉틀 두 대 값을 치르게 되었다. 그뿐만 아니라 둘째 아들 이름을 종훈이 대신 '브라더 종훈'이라 불렀다.

터닝 포인트

갈등과 위기의 삶은 자신을 더욱 성숙하게 한다. 오히려 변화가 없는 삶은 단조롭고 무료하다. 살아오면서 무수히 많은 변화와 굴절의 삶을 걸어 왔다. 위기의 강과 고통의 바다를 건널 때마다 기회가 있었고 은인이 있었으며 놀라운 변화를 가져왔다.

1962년 9월 내 나이 26살, 이동면 상주리에 있는 양아초등학교에서 근무했다. 그 학교 근처에는 밥집 아주머니가 계셨는데 그분은 한 눈에도 성품이 따뜻하고 사랑이 깊은 얼굴이었다. 가을 운동회 연습이 한창일 때 점심시간이면 밥집 아주머니는 햅쌀밥에 손바닥만 한 갈치를 곰솔에 구워오셨다. 지금도 갈치만 보면 그분의 따스한 얼굴이 새록새록 떠오르고 눈시울이 붉혀지곤 한다. 여러 학교의 운동회를 통해서 어린이에 대한 애정과 따스한 사랑을 배웠다. 교사로서 아이들을 사랑하는 방법을 체험으로 익히게 되는 계기가 되었다. 그 이후로 어린이에 대한 각별한 애정과 관심이 깊어갔다. 그래서 어린이와 함께 하는 일을 하고 싶었다.

마침 그해 늦가을 부산에 성심여대가 생긴다는 소식을 방송을 통해 알게 되었고 준교사 경력으로 대학교 학생을 지원하고 싶었다. 서둘러 남편과 함께 우체국장님을 찾아가 의논했다. 그리고 지원 서류를 제출했는데 얼마 후 무시험 합격통지서를 받았다. 새삼 놀라운 일이었다. 사실 그 무렵 부산의 성심여대에 근무하면서 새로운 직장을 구하고 싶었다. 내 꿈은 컸고, 목표는 선명했다. 하지만 남편은 무슨 이유에서인지 내 꿈과 목표를 강력히 반대했다. 그것이 내 인생의 전환점이었고, 꿈을 이루는 기회가 찾아왔지만 남편은 아무리 설득을 해도 소용없었다. 결국 부산 성심여대에서 공부를 포기해야만 했다.

무엇보다도 가정이 최우선이기 때문이다. 행복한 가정을 지키며 가정의 안정과 평화를 위해서라면 그보다 더한 것도 포기할 수 있었다.

다시 이동중학교에서 무용과 가정과를 지도하는 시간강사로 근무했다. 마침 그 학교에 나의 은사님 김원곤, 최엽종, 선생님과 남편의 친구 박성권 님과 유기주 님, 모든 분이 계셨기에 든든했다.

인생을 살아가면서 누구에게나 기회가 오기 마련이지만 무엇보다도 가정과 집안의 평화를 위해서는 꿈과 목표를 포기할 줄 알아야 한다는 것을 알았다.

기회는 누구에게나 다시 찾아오기 마련이기 때문이다.

우리 식당

아이 둘을 기르면서 더 아이를 갖는 것도 부담이 되었다. 형제가 많은 집안을 보면 부러운 마음도 들었지만 역시 경제적으로 뒷받침이 되어야 하는 것은 현실의 문제였다. 더구나 남편도 두 아들의 뒷바라지를 걱정하는 눈치였고, 남편의 생각이 옳다고 생각해서 피임을 시작했다.

그러나 1964년 이른 봄, 셋째 아들을 가졌다. 무더위가 계속되는데 입덧이 심했다. 몸도 예전 같지 않았다. 제대로 먹지 못해서 몸은 바짝 마르고 힘들었다. 아무래도 학교에서 근무하는 것도 오래 버틸 자신이 없었다. 무언가 변화가 필요했다. 그래서 이동중학교 정문 옆으로 이사를 했다. 바로 점포가 달린 단독주택이었다.

그곳에서 힘겨운 여름을 보내고 셋째 아들을 낳았다. 그날이 1964년 음력 11월 4일이었다. 산모가 허약해서인지 셋째 아들은 여위고 작아서 마음이 너무 아팠다. 어김없이 시어머니가 집에 오셔서 햅쌀밥과 미역국을 끓여주시고 기저귀를 빨아주셨다.

본래 젖이 많은 나는 셋째 아들에게도 젖 물림을 하는데 별다른 증상이 없었다. 덕분에 셋째 아들도 무럭무럭 잘 자라주었다.

시부모님께서 이번에도 보약을 보내주셨다. 내가 출산을 할 때마다 시부모님은 정성으로 백일염소와 소머리를 곰으로 가져오시곤 했다. 생각해보면 나는 세상의 어느 며느리보다 시부모님 사랑을 많이 받았다.

그 이듬해 우리 가족은 살던 집에서 바로 위 마을로 이사를 했다. 우리 가족이 처음 장만한 집이었다. 남은 돈으로 논 100평을 샀다. 그리고 그 논에 쌀농사를 지었다. 남편은 우체국에서 퇴근하면 바로 논으로 달려가곤 했다. 그 정성에 대한 대가로 놀랍게도 쌀농사가 잘되었다.

한 번은 시댁에 갔는데 시아버지가 셋째를 안아보시며 '이제 나는 아들이 넷이다!' 며 기뻐하셨다. 사실 그때마다 덜컹 겁이 났다. 아들이 셋이나 되는데 그 뒷바라지를 생각하면 가슴이 답답했고, 눈앞이 캄캄했다. 결국 내가 경제활동을 넓혀야겠다고 생각했다. 학교에 근무하면서도 경제활동을 할 수 있는 방도를 찾아 두리번거렸지만, 사실 내가 마땅히 할 수 있는 게 없었다. 그래서 생각한 것이 식당이었다. 식당이라는 것도 사실 대단한 자본이 필요했다. 그때 셋째 아들이 3살 때였다. 마침 초등학교에서 서무과에 근무하고 열심히 농사지으며 풍요하게 사는 외가에 이숙이 계셨다. 용기를 내어 그 이숙을 찾아가 부탁했다.

"이동면사무소 옆에 식당건물이 나왔는데 도와주세요"

"그래?"

"예, 이숙이 사주시면 원금과 이자를 갚으면서 보답하겠습니다"

다행히 이숙은 기꺼이 허락해 주셨다. 조건은 월 이자와 원금을 갚겠다는 약속이었다. 물론 그 조건도 내가 이숙에게 제시한 내용이었다. 그 이숙의 도움으로 대지 250평에 길 앞으로 점포 4개와 안집이 따로 있는 건평 150평이나 되는 집을 인수했다.

특히 면사무소와 인접해 있어서 식당으로서 입지가 매우 좋은 건물이었다. 당장 한식 요리사를 구했다. 그리고 '우리 식당' 이라는 간판을 달고 문을 열었다. 점심시간에는 내가 근무하는 이동초등학교에 손수레를 끌고 점심을 날랐다. 남편도 우체국 근무를 마치면 가게로 와서 장사를 도왔다. 이동에 오일장이 열리거나 예비군훈련이 있는 날은 식당에 손님이 북적거렸다. 한 번은 내가 손수레를 끌고 가는 모습을 슬그머니 지켜보신 이숙이 고개를 끄덕이며 말씀하셨다.

"그래, 다른 사람은 몰라도 우리 대업 이는 성공할 거다"

사실 내가 손수레를 끌고 가는 힘은 남편보다도 세 아들이었다. 내 자식에게는 내가 못다 한 공부도 시켜 주고 자기 꿈을 구체화 시키면서 살아가게 해주려는 욕심 때문이었다.

예감은 적중했다. 그야말로 대성공을 한 것이다. 식당의 넓은 마당에는 사람들이 멍석을 깔고 윷놀이를 하며 몰려들었다. 장사가 잘되고 날로 번창해 갔다. 식당 문을 닫고 안집으로 돌아오면 돈을 헤아리는데 밤이 깊어가는 줄도 몰랐다.

그런데 문제는 식당에서 일하는 요리사였다. 식당운영이 잘되어 월급도 올려주었는데, 결국 노름판에 발을 들여놓기 시작한 것이다. 그래도 마음을 다잡고 끝까지 잘 해보자고 설득하고 달래도 보았지만 결국 도박 습관은 끊어내지 못했다.

나는 중국 요리사를 다시 고용했다. 역시 장사는 잘되었다. 그리고 6년 만에 이숙에게 빌려온 돈과 이자를 다 갚게 되었고, 어느 정도 큰돈이 모아졌다.

그때 내 나이 30세, 넷째 아들을 가지게 되었고 이동면에서는 제법 유지가 될 만큼 재산도 모았다. 이제는 시부모에게 받아온 사랑에 대해 보답할 때가 되었다고 생각했다. 나를 그렇게 아껴주시던 시아버지에 대한 생각은 늘 가슴에 담고 살고 있었다.

시아버지의 환갑이 돌아오기만을 기다렸다. 그런데 시아버지께서 환갑을 두 달 남겨두시고 세상을 떠나고 말았다. 그날은 1967년 6월 10일 61세의 안타까운 나이였다. 하늘이 내려앉고 눈앞이 캄캄했다. 시아버지의 사랑을 독차지하고 살아온 나는 지금도 문득 눈시울이 뜨거워지곤 한다.

시아버지에 대한 그리움이 채 가시기도 전에 넷째 아들을 낳았다. 시아버지가 계셨더라면, '이제 나는 아들이 다섯이다' 기뻐하셨을 것인데, 라는 생각이 들어 한동안 많이 울었다. 넷째 아들은 시아버지가 세상을 떠나고 다섯 달 만인 11월 2일 탄생했다. 식당 운영은 여전히 잘되고 있는 터라 넷째 아들은 6개월 동안 식당에서 젖을 물리며 키웠다. 그리고 6개월 만에 넷째 아들을 밖으로 데리고 나왔다. 모두 잘생겼다며 부러워했다. 그뿐만 아니라 넷째 아들은 온순하기까지 했다.

마침내 우리 집은 지방의 유지가 되었다. 첫아들과 둘째 아들이 초등학교 다닐 때 어머니회 회장을 맡았고, 소풍 가는 날이면 음식을 장만해서 학교에 가지고 갔다. 내 어린 시절 못다 한 아쉬움을 내 아들들에게 결코 물려주고 싶지 않았다.

1968년 6월 시아버지가 세상을 떠나고 1주년이 되는 날이었다. 시아버지에 대한 그리운 마음을 달래려고 음식을 장만해서 이웃 사람들과 회갑을 겸한 큰 잔치를 열었다.

그러고 보니 그날 기꺼이 달려와서 수고해준 이동면 무림리 친구들이 새삼 보고 싶어진다. 그때 넷째 아들은 방에서 기어 다니고, 셋째 아들은 5살, 둘째 아들이 7세, 큰아들은 11살 초등학생이었다. 그런데 그날 셋째 아들이 손님의 재떨이에서 담배꽁초를 입에 넣고 우물거리더니 침을 흘리고 있었다. 그때 둘째 아들이 그 침으로 그림을 그렸다. 얼른 봐도 낙서인데 예사롭지 않았다. 사람들도 모두 놀라는 눈치였다. 그리고 언젠가 둘째 아들이 태극기를 그렸는데 깃발을 만들어 마당에 꽂았다. 그때 둘째 아들이 그림에 소질이 있다는 것을 처음 발견했다.

그 당시 31세의 젊은 여사장이었다. 시간이 나면 3주간 면사무소에서 열리는 편물 교육을 받았다. 여전히 공부에 대한 열망 감이 식지 않았다. 무언가 새로운 것을 배우고 익힌다는 그 자체가 즐거움이었고, 행복이었다. 남편은 여전히 우체국에서 열심히 근무했고 마음만 먹으면 직장도 다시 나갈 수 있는 여유가 생겼다.

진주 입성

아무리 경제력이 풍요해도 마음의 행복을 갈망하는 것은 모든 인간이 가지는 최고의 욕망이다. 나는 항상 진주에 대한 그리움과 아쉬움이 많았다. 지금도 내 마음에는 진주를 향하는 향수와 친구들의 얼굴이 새록새록하다.

우리 식당을 하면서 부족한 것 없이 살면서도 언제든 진주에 돌아가서 살고 싶었다. 그만큼 진주에 대한 애정과 추억이 내 안에 가득했다.

1964년 당시에는 교육정책의 일환으로 박지만 법이라는 게 있었다. 이를테면 남해에서 다른 지역 고등학교에 갈 수 없었던 때였다. 어떻게 해서든 아이들의 교육은 제대로 해야 한다는 것이 나의 염원이며 희망이였기에 당장 장남 상훈이를 진주의 중안 초등학교에 전학을 시켰다. 마침 진주에는 전신전화국에 근무하는 상훈이 이모가 살고 있었다. 그래서 장남 상훈이를 이모에게 맡겼다. 하지만 상훈이 이모는 1년 후에 결혼을 하게 되어 상훈이는 다시 이동초등학교로 돌아오게 되었지만, 어떤 일이 있어도 진주로 이사를 해야 한다고 마음을 굳혔다. 아이들 교육 때문이었다.

내 아이들에게 지방 유지의 자식으로서 풍요로운 유산을 남겨주는 일보다 좋은 공부를 시켜서 훌륭한 사람을 만드는 것이 더 값지고 정의로운 유산이라는 생각이 들었다. 하지만 그 시대의 문화는 지방의 유지가 되면 정치를 외면할 수 없었다. 지역의 유지는 가난하고 배우지 못한 사람들을 계몽하고 끌어가는 역할을 했다.

나에게도 여기저기서 그런 유혹의 손길을 내밀었다. 아마 내 아이들의 교육을 포기했더라면 정치에 참여하는 유지가 되었을지도 모른다. 하지만 당장의 명예와 이익, 그리고 풍요로운 생활보다는 아이들 교육이 우선이었다. 그래서 남해를 떠나 진주로 나와야만 했다. 마침 그때 당시 현직 국회의원 부인인 각별한 친구에게 간곡히 부탁을 했다.

"왜? 한창 사업도 잘되는데?"

내가 진주로 이사를 하겠다는 말에 그 친구는 몹시 의아했다.

"응, 나한테는 아이들 교육이 더 중요해!"

그러니까 그 무렵 나는 이미 진주로 이사를 하겠다고 확고하게 결심을 한 뒤였다.

"아이들 아빠랑 의논은 했어?"

"아니? 아마 반대할 거야"

친구는 당황스럽게 나를 바라보았다. 나를 이해하지 못했던 것이다. 물론 남편도 나를 이해하지 못했고 많은 이웃이 우리 가족이 진주로 떠나겠다는 소식에 대해 이해할 수 없다며 고개를 저었다.

마침내 남편은 진주 우체국으로 발령이 났다. 남편이 발령장을 받고 와서 내게 말했다.

"장사도 잘되는데 왜, 우리가 이사를 가?"

"아이들 교육 때문에 가야 해요"

남편은 마지못해 따라나서는 눈치였다. 남해에서 진주로 향하는 버스에서 펑펑 울었다. 남해에서 살던 날들이 주마등처럼 스쳐 갔다. 눈물도 많았고 웃기도 많이 했으며 따스한 추억을 안겨주기도 했던 남해, 언제든 다시 돌아올 것이라며 남해에 대한 추억을 가슴에 묻었다.

그때 나는 이미 임신 6개월, 다섯째 아들을 가지고 있었다. 맞은 편 자리에 남편이 앉아 있었다. 그리고 눈물로 퉁퉁 부어오른 내 얼굴에 대고 남편이 물었다.

"당신은 지금 무슨 생각 해요?"

남편이 내 어깨를 만지며 물었다.

"10년 후에는 반드시 고향에 돌아올 겁니다"

"당신 성격에 다시 돌아올 수나 있겠어?"

남해를 떠나오기 전부터 그토록 싫어하던 남편도 슬그머니 불편한 마음을 풀었다.

"약속해요, 애들 교육 끝내고 다시 옵시다"

남편이 내 어깨를 토닥여주었다. 남편에게 울먹이며 고개를 끄덕였다. 그리고 입술을 깨물며 속으로 말했다.

'그래, 1년은 8,760시간이고, 10년이라야 87,600시간이다'

남편은 진주 우체국 우편 과에서 근무하게 되었다. 우리 가족은 진주의 단칸방으로 이사를 했다. 남편도 새로운 직장에서 적응하는 데 애를 먹는 눈치였다. 아무래도 남해보다 일이 많고 낯선 도시에서의 생활이라는 게 여러 가지로 마음 부딪히는 일이 많았기 때문이었다.

그래서 한동안 남편은 불편한 마음을 나에게 표현했다. 나중에는 원망하기도 했다. 아이들 교육 때문에 진주까지 와서 하지 않아도 될 고생을 사서 한다는 것이었다. 사실 남편 입장에서는 진주가 남해보다도 우체국 업무 분량이 많을 수밖에 없었다. 그로 인해 남편과 사소한 갈등이 잦아지면서 서로에게 민감하게 반응했다.

"괜히 사서 고생하는 거야"

남편은 힘들 때마다 입버릇처럼 불평을 늘어놓았다.

"…."

남편이 투정할 때마다 사실 나는 할 말이 없었다. 남편은 내가 하는 일에 매사 불평이 많았고 그때마다 많이 외로웠다. 그래서 다섯째는 아들보다는 예쁜 딸을 낳고 싶었다. 소원이었다.

어느 날은 다섯째 아들의 산기가 시작되면서 통행 금지 사이렌이 울렸는 데도 남편이 돌아오지 않았다. 무서웠다. 산통을 참아보려고 방에 불을 끄고 막 잠자리를 살피는 참에 남편이 돌아왔다. 나는 다급하게 전구를 켰다.

"집 안에 어른이 안 들어왔는데 불 끄고 잠자?"

남편이 소리치며 전구를 손으로 쳤다. 온 방 안에 유리 조각이 날렸다. 두렵고 무섭고 떨렸다. 아이들은 그대로 잠들어 있었다. 아니 아마 아버지가 무서워서 눈을 감고 있었는지 모르겠다.

배에서 통증은 계속되고 서러운 마음에 밤새 울었다. 생각해보면 다섯 아들 중에 막내아들 출산 무렵에 제일 서럽게 울었던 것 같다.

그 무렵 남편은 정오 사이렌이 울리면 점심을 먹으러 집으로 왔다. 남편이 전구를 깨뜨리며 소란을 피우고 난 이튿날 정오 다시 사이렌이 울리고 남편이 점심을 먹으러집으로 들어오는 그때 약속이나 한 것처럼 막내아들을 낳았다. 4명의 아들 때처럼 남편은 탯줄을 자르고 다시 우체국으로 돌아갔다. 그리고 이웃집 아주머니와 이모가 찾아왔다. 정말 예쁜 딸을 낳고 싶었는데 다섯째까지 아들을 낳았다. 하지만 막상 아들 다섯을 길러보니까 나름 특별한 즐거움이 더 많았다. 막내아들 태훈이를 낳을 때 장남 상훈이는 초등학교 6학년, 둘째 아들 종훈이가 4학년, 셋째 아들 만훈이가 7세, 넷째 아들 일훈이가 3세였다.

어린 소나무 모종처럼 아이들은 무럭무럭 자랐다.

갈등

사람의 운명이 탄탄대로 일리 없다. 세상의 모든 길이 구부러지고 꺾이고, 비탈과 내리막길로 이어지듯이 사람의 운명도 이와 별반 다를 게 없다. 그래서 수많은 예술작품에서 길을 인생으로 묘사하고 있는지 모르겠다.

남편은 1971년 9월 전신전화국으로 전근을 했다. 어쩐 일인지 전화국으로 자리를 옮기고 나서 많이 밝아졌다. 남편은 주말이면 친구들과 산행을 다니며 소일했다. 아이들이 성장하면서 세상에 대한 정보가 필요했다. 그것은 바로 인맥 구성이었다. 마땅한 조직이나 단체를 두리번거리며 찾아다녔다.

마침 그해 여름 진주 MBC 방송사에서 어머니 노래 교실 회원을 모집하고 있었다. 회원들은 진주 시내의 엘리트 주부들이었다. 그곳에서 좋은 엄마들과 선생님들을 만났다. 그때 막내가 돌이 다가올 무렵에 이사를 했는데 주인이 진주 사범대학교 교수였다.

그 무렵 인격과 품위가 있는 어머니들과 좋은 인맥을 가졌다. 무엇보다 교육, 경제를 비롯해 세상을 보는 눈이 밝아지는 시기였다.

사람의 만남은 대상이 누구인가에 따라 좋은 변화를 가져오는 법이다. 어머니회원들은 최상의 인격을 갖춘 분들의 모임이었다, 그곳에서 세상을 바라보는 시안이 트이고 여성의 사회활동에 대해 자신감도 얻었다.

그날도 막내에게 젖을 물리고 문득 라디오를 틀었다. 그런데 간호조무사 1기생을 모집한다는 방송이 나왔다. 문득 친정아버지의 얼굴이 떠올랐다. 친정아버지는 '우리 대업 이는 의사 만들 거야' 라며 입버릇처럼 나에 대한 기대가 만만치 않았다.

많이 망설였다. 아이들과 가족을 돌봐야 하는 책임감도 가볍지 않았다. 그러나 정작 내가 하고 싶은 일을 미루거나 포기하고 싶지는 않았다. 잠을 좀 줄이고 고생을 더 하면 애들도 더 잘 키울 수 있고 나도 못다 한 공부를 할 수 있다는 생각이 들었다. 나는 무슨 일에나 두려움을 몰랐다. 새로움에 도전하는 것을 그토록 좋아했다.

며칠을 고민하다가 학원으로 달려갔다.

"교육비를 일주일 후에 드리면 안 될까요?"

서무실을 찾아가 부탁했다. 다행히 담당 주임이 허락해주셨다. 당장 간호조무사 교육을 받게 되었다. 그러나 더 큰 문제가 기다리고 있었다. 바로 내 아이들이었다. 큰아들과 둘째 아들은 학생 신분이라서 그런대로 마음이 놓였다. 하지만 셋째 아들은 복음 유치원에, 넷째가 39개월이고, 다섯째가 14개월째인데, 막내를 집에 두고 9시에 출석하고 오후 3시에 공부를 마쳐야 하는 상황이었다.

며칠 지나서 친정어머니에게 아이들을 부탁한다고 말씀드렸다.

"고아원에 보내라"

"네가 낳았으니, 네가 키워야 해"

친정어머니는 수박을 자르듯 말씀하셨다. 보수적인 성향이 강한 친정어머니는 나의 사회활동을 못마땅해했다. 그러나 포기하고 싶지 않았다. 그 시절만 해도 한 번 마음 먹으면 답이 나올 때까지 물고 늘어지는 남성적인 습성이 내 안에 잠재해 있었다.

하지만 출근을 할 때는 어쩔 수 없이 나도 아이들의 엄마였으며, 여자였기 때문에 너무도 마음이 아프고 쓰라렸다. 밖에서 문을 걸고 나올 때는 막내아들 울음이 내 가슴을 파고들었다. 천하에 몹쓸 죄인 같았다.

"아이들아, 미안하구나. 건강하게만 자라다오"

모질게 마음먹었다. 골목에서 골목으로 질러다니는 길을 선택했다. 그리고 점심시간을 최대한 활용해서 아이들을 돌봤다. 내게 점심시간으로 주어진 1시간은 마치 여성특공대원 같은 시간이었다. 그 한 시간 동안 막내에게 젖을 물리고, 큰아이들에게 밥을 먹이고, 설거지하는 동안 막내를 잠재워야 했다.

간호조무사 교육원 수업 시간은 즐거웠다. 강효균 소아과 원장선생님과 진주 시내의 의사의 강의는 놓치지 않고 수강했다. 누구보다 정영수

외과 학원장의 도움이 컸다. 강의를 들으면서도 집에 두고 온 다섯 아이들이 마음 한쪽을 차지하고 있었다. 그나마 넷째 아들은 혼자서 동생도 잘 보고 의젓한 면이 있었다.

진주 시내의 큰길보다는 좁은 골목길을 좋아했다. 학원 공부를 마치고 골목을 고집한 것은 그럴만한 이유가 있었다. 35살이나 되는 아줌마가 큰길에서 달리는 모습을 누가 보면 흉이 될까 싶었다.

나의 골목길 생활은 매일 6회씩 무려 10개월이나 되었다. 점심시간에 잠재우고 간 막내가 집에 돌아올 때까지 깨어나지 않을 때도 있었다. 그 때 옆에서 나를 보고 은근하게 미소를 짓던 넷째 아들의 순수한 눈빛은 아직도 가슴에서 생생하게 남아 있다. 아이들에게는 이 또한 두 번 다시 못 할 짓이라는 생각이 들었다.

넷째 아들은 손재주가 남달랐다. 막냇동생과 놀아주는 대가로 시계 종류만 5개는 더 사다 줬을 것이다. 그 시계들을 분리하고 물어뜯고 하면서 박살을 내놓곤 했다. 장난감을 사주지 못하는 엄마 입장에서 그러한 일쯤이야 감지덕지했다.

한 번은 그렇게 착한 넷째가 손가락을 입에 물고 기운이 없어 보였다. 급히 병원에 데려갔더니 간이 나쁘다는 진단이 나왔다. 어린 동생과 놀아주면서 얼마나 시달렸을까, 생각하니까 마음이 너무 아프고 짠했다. 밤새 자책감이 들어 울었다. 그리고 병원에서 처방전을 받아와 약을 먹이고, 간에 좋다는 음식들을 찾아 먹이면서 넷째 아들은 빠르게 회복했다.

어느 날 넷째가 막냇동생과 놀다가 동생의 손가락을 물어서 상처를 냈다. 울고 있는 막냇동생을 어쩌지 못하고 당황하던 넷째 아들의 초롱초롱한 눈빛이 아직도 생생하다. 내가 넷째를 꾸중하는데도 옆에서 울고 있던 막내가 오히려 울음을 뚝 그치는 것이었다. 그리고 울음을 참으며 큰 소리로 말했다.

"형 미안해!"

막내가 울먹이며 형의 편을 들고 나서는데 순간 이러지도 저러지도 못했다. 오히려 꾸중하던 내가 민망한 순간이었다. 지금도 막내 손가락에는 작은 흉터가 선명하게 남아있다. 그만큼 오형제 아들은 우애가 깊고 사랑이 깊고 남다르게 심성이 따뜻한 자랑스러운 아이들이다.

1973년 가을 진주 개천 예술제가 열렸다. 그날 퇴근을 서둘렀다. 오랜만에 일찍 집에 돌아가서 아이들에게 엄마 노릇 좀 단단히 하고 싶었다. 그런데 두 아들이 안 보였다. 가슴이 철렁 내려앉았다. 모든 게 공부에 욕심이 많은 엄마 때문에 일어난 일이라는 생각이 불현듯 떠오르고 눈앞이 캄캄했다. 그런데 두 형제가 나란히 손을 잡고 내게로 걸어오는 게 한눈에 보였다. 아이들이 자라면서 의좋게 상황판단을 하는 모습이 그토록 대견해 보였다.

*

남편은 사람들과 잘 어울렸다. 워낙 사람을 좋아해서 친구들도 많았고 선후배도 많았다. 그러나 간호보조원 공부에 모든 걸 걸고 있는 상황이라서 친구들의 만남은 고사하고 아이들과 함께 놀아주는 일조차 소홀했다.

새벽 1시까지 공부를 하고 새벽 4시에 깨어났다. 연탄불을 갈고 나서부터 하루는 시작되었다. 함께 살고 있던 남동생 회사 출근을 시키고 큰아이들 도시락 2개를 싸서 학교에 보내고 나면 어린 아이들을 유치원에 보내야 했다. 그리고 남편 출근을 챙겨주고 나면 간호보조학원을 향해 달렸다.

무엇보다 엄마 없는 아이들이라는 소리는 듣고 싶지 않았다. 그래서 목욕도 자주 시키고, 신발이나 옷도 자주 빨아서 입혔다. 그 시절만 해도 세탁기가 있는 것도 아니고, 그렇다고 가스 불이 있는 세상도 아니었다. 말 그대로 손등이 마를 날이 없었다.

그런데 어느 날부터 남편이 집에 들어왔다 다시 나가고 퇴근이 늦어지는 날이 잦아졌다. 아이들에게 온 정성을 쏟으면서 남편에게 미처 소홀했다는 생각이 불현듯 들었다. 남편도 몇 차례 불만을 털어놓기도 했었다. 신호였다. 그런데 그때마다 남편의 투정을 받아 주기는커녕 오히려 질책을 했었다. 그게 화근이었다.

그 무렵 남편이 타고 다니던 자전거가 고장이 났는데, 마침 큰아들이 고쳐서 사용하겠다고 해서 수리를 해줬다. 그날도 남편은 아침에 출근하면서 마치 집에 들어오지 않을 것 같은 분위기를 내게 풍겼다.

남편의 퇴근 시간에 맞춰 큰아들을 불렀다.

"상훈아, 아버지 어디로 가시는지 따라가서 확인해보고 오렴"

전신전화국에서 좀 멀리 떨어진 곳에서 큰아들이 남편의 뒤를 밟으려고 숨어 있었다. 그때는 통행 금지가 있는 시절이었다. 밤이 깊어서야 큰아들이 돌아왔다. 큰아들을 앞세우고 남편이 있는 집으로 달려갔다. 남편이 있는 집 앞에 서 있는데 온몸이 떨리고 머리끝이 일어섰다. 견딜 수 없는 수치심과 분노를 떨칠 수 없었다. 다시 집으로 가서 막내를 등에 업고 남편이 있는 집의 건너편에서 서 있었다. 차마 가까이에서 얼굴을 마주치고 싶지 않았다.

남편은 밤 12시 사이렌이 울리고 나서야 그 집에서 나왔다. 남편은 한눈에 나를 알아보았다. 두 아이는 집으로 보내고 남편과 나는 약속이나 한 것처럼 가마못 방향으로 걸어갔다.

남편과 밤새 다퉜다. '이혼'이라는 말도 결혼을 하고 나서 처음이었다. 그런데 남편은 무슨 일이 있어도 아이들만큼은 자신이 기르겠다고 우겼다.

"내가 엄마 없는 설움을 얼마나 독하게 느끼고 살았는데?"

남편은 아이들 이야기만 나오면 격하게 흥분했다. 오 형제를 나눠서 기르자며 우겼다. 결국 남편도 나도 자식에 대한 사랑과 욕심이 남달랐다. 그날 밤 이를 악물며 결심했다. 아무리 힘들어도 같이 서로 맞춰 가면서 사는 것이 아이들을 지키는 길이라고 생각했다. 그러한 생각은 남편도 적극적으로 동의했다.

"상훈 엄마야, 한 번만 믿어다오. 이렇게 약속한다"

그날 달빛 아래서 남편의 눈빛은 유난히 촉촉했다. 공부하겠다고 남편과 아이들에게 소홀했던 것이 늘 마음에 걸렸다. 몸도 마음도 힘들었다. 하지만 그만큼 노력한 대가는 현실로 보여줬다.

열정

1973년 12월 11일 나는 간호조무사 국가고시를 치렀다. 그리고 교육과정에서 개근하여 교육장 상을 받았다. 또한 실습 우수상으로 금반지도 받았다. 교육장님께서는 5형제의 엄마로서 보기 드문 도전정신이라며 격려해 주셨다. 학원장님께서는 이튿날부터 바로 병원 근무를 할 수 있도록 추천해 주셨다. 나는 한국의 나이팅게일이 되었다. 꿈꾸던 목표를 달성해 나갈 때마다 성취감을 느꼈다. 그러나 병원 근무는 생각보다 힘들고 퇴근이 일정하지 않았다. 수술실에 들어갈 때마다 긴장해야 하고 조마조마해서 정신적으로 피로 강도가 높았다. 그 뿐만 아니라 남편과 아이들에 대한 걱정과 미안함을 떨쳐낼 수 없었다. 그래서 몸은 병원에 있고 마음은 늘 집에 있었다. 하지만 나의 이런 마음을 알고나 있다는 듯이 아이들은 부모를 믿고 의지하며 잘도 자랐다.

그날도 수술이 늦어지고 있었다. 어려운 수술이었는데 예상했던 것 보다 많은 시간을 수술실에 갇혀 있어야 했다. 퇴근해서 집으로 달려가는데 자꾸만 남편과 아이들이 눈에 밟히는 것이었다. 대문을 열고 곧장 부엌으로 달려갔다. 그런데 장남 상훈이가 내 앞에 밥그릇을 내미는 것이었다.

"엄마, 밥!"

장남이 직접 밥을 해서 동생들을 먹이고 내 밥그릇은 뚜껑을 닫아 이불 속에 넣어 두었다. 따뜻한 밥그릇을 받아 들고 가슴이 멍했다. 그날 장남이 차려준 밥상 앞에서 너무 감동하여 눈물을 훔치며 밥을 먹었다. 하지만 아직도 장남에게 고맙다는 말을 못 하고 있다.

남편도 바쁘게 무언가에 도전하는 내 모습을 보며 응원과 격려를 아끼지 않았다. 물론 집안일에 소홀할 수밖에 없는 상황이라서 속으로는 서운했을 것이다. 하지만 나는 행복한 가정을 지키겠다는 한 가지 신념뿐이었다.

시간이 나면 독서를 했다. 일찍이 부모님으로부터 자식은 부모의 행실을 닮는다는 것을 배웠다. 내가 독서를 하고 국가 자격시험에 도전하는 모습을 아이들이 지켜봐 온 터라 아이들은 자연스럽게 책 읽기를 즐겨했다. 나의 책 읽기는 꾸준했다. 항상 책을 가까이하고 다양한 장르의 신간들을 찾아 읽었다. 그것은 곧 글쓰기로 이어지고 독후감과 글쓰기도 게을리하지 않았다.

그래서 1973년 11월 24일 책 읽기 독후감 쓰기에 응모해서 노벨문화사로부터 노력 상을 받았다. 그 이듬해 1974년 2월 14일에는 간호조무사 국가고시 합격증을 받아 들고 집에 돌아왔는데 아이들보다 남편이 더 좋아했다. 남편도 내가 독서에 관심이 많은 걸 알고 있어서 '의료백과사전' 6권을 선물로 사 왔다. 나는 노벨 문화사에서 부상으로 받은 금반지를 조용히 지켜봐 주시고 격려해주는 시어머니의 손에 끼워드렸다. 마음이 뿌듯했다.

그러나 얼마 후 한국의 나이팅게일이 되고 싶다는 꿈을 접어야 했다. 왜냐하면 나 때문에 아이들이 힘들어하고, 남편에게도 미안했기 때문이다. 그리고 MBC 어머니 노래회원 회장님을 찾아갔다. 회장님은 당시 교육대학 교수로 재직하고 계셨다.

사실 교수님을 찾아간 것은 청탁이 될 수도 있는 일이었지만 오직 가정을 지켜야 한다는 생각뿐이었다. 교수님에게 출근 시간과 퇴근 시간이 일정하고 휴일을 찾을 수 있는 직장을 알아봐 달라고 말씀드렸다. 가정을 지켜내기 위해서는 내가 경제활동에 도움이 되는 일을 찾아야만 했다.

그때 교수님께서 경상대학교 교수님 추천으로 신용협동조합 3주 교육을 받아보라고 추천해주셨다. 마침 교수님의 배우자도 교육을 받으신다고 하셨다. 그해 신용협동조합 37차 3주 교육을 받기로 했다. 그리고 교육이 끝나가는 즈음에 교수님의 사모님께서 신용협동조합 창립사업을 해보라고 제안해 주셨다.

처음에는 많은 고민과 갈등을 했다. 내가 알고 있는 장사나 교육 관련 사업도 아니고 금융사업이라는 점에서 고민이 많았다. 하지만 일단 도전해 보기로 마음먹었다. 그래서 남편이 근무하는 전신 전화국에 신용협동조합을 창립하고, 남편이 신협 이사장을 맡기로 했다. 남편은 신용협동조합 교육을 받으면서 공부했고, 남편이 자리를 잡을 때까지 뒤에서 도왔다.

내가 염려했던 것보다 계획대로 추진이 잘되어갔다. 결국 신용협동조합은 진주에도 확장되고 날로 번성해갔다. 그 무렵 남편이 신용협동조합 이사장을 맡으면서 내 할 일을 찾고 싶었다. 어려서부터 목표를 두고 도전하는 것을 무척 좋아했던 나는 새로운 일에 대한 두려움은 없었다.

새로운 일을 찾고 있던 그 무렵 마침 허점혜 교육대학교 교수가 나를 찾아오셨다. 진양 군의 군수를 찾아뵈라고 해서 군수를 찾아갔는데 허 교수께서 이미 나에 대한 소개를 장황하게 한 뒤였다.

"간호조무사 자격이 있다면서요?"

허 교수는 내가 성실하고 정직한 사람이고, 허 교수 본인이 보증할 수 있는 사람이라며 단단히 귀띔까지 해 주셨던 모양이었다. 군수는 한눈에 나를 마음에 들어 하셨다. 그리고 면접을 보고 나서 15일 뒤에 진양 군청에서 연락이 왔다.

마침내 진양군 대평면사무소 보건직 공무원으로 발령을 받았다. 그때만 해도 대평면은 진양군 16면에서 제일 산간 오지 마을이었다. 기쁨보다도 당장 문제가 되는 것은 출퇴근이었다. 진주에서 대평면 보건소까지는 16km가 넘는 거리였다. 출근하려면 새벽 4시에 일어나서 아이들과 남편을 챙겨야 했다. 막내는 혼자 강아지와 놀아야 하고, 남편은 직장에서 업무를 보면서 점심시간이면 막내아들 점심을 챙겨야 했다.

처음에는 후회도 많았다. 하지만 이왕 추천까지 받아서 얻은 직장인데 그냥 포기하고 나올 수는 없었다. 사실 진주에서 산간마을이 있는 대평면 보건소까지는 너무 먼 거리였다. 버스를 타고 출근을 하다가 멀미가 심해서 중간에 내려 10여 리 길을 걸을 때도 있었다.

얼마간은 정신력으로 이겨내는가 싶었는데 급기야 온몸에 피로가 누적되면서 견디기 힘들었다. 한번은 아침 일찍 이불 세탁을 하고 빨래를 밟고 서 있는데, 하늘이 빙빙 돌면서 식은땀을 쏟아내다가 그만 그 자리에 주저앉고 말았다. 영양실조와 과로였다. 병원에서 영양제를 맞고 몸을 추슬러 이튿날 겨우 출근을 했다. 그렇다고 직장에서 힘들다는 표현은 한 번도 하지 않았다. 그때만 해도 힘들다고 고통을 호소할 만큼 정신력이 나약하지 않았다. 영양제를 맞고 출근을 했다가 퇴근을 했는데, 남편이 제법 큰 염소를 끌고 왔다.

"보약도 40대 전에 먹어야 해"

남편이 내게 말했다. 펑펑 소리 내어 울고 싶었지만 눌러 참았다. 무뚝뚝하고 부드러운 구석이 없는 남편의 마음이 너무 고맙고 행복했다. 남편이 끌고 온 그 염소고기는 아이들과 나눠 먹고 뼈는 곰을 내서 먹었다. 온 가족이 평화롭게 몸보신을 하면서 화목한 시간을 보냈다.

염소고기를 먹으면서 문득 옛날 생각이 났다. 내가 큰아들 상훈이를 낳았을 때 시어머니께서 소머리를 곰으로 내주셨고, 둘째 아들 출산 때는 100일 된 새끼 염소를 구해서 약을 해주셨다. 셋째 아들 낳았을 때도 염소로 곰을 해주셨고, 넷째 아들은 손수 불고기도 만들어 먹고 곰도 해 먹었다. 참, 막내아들을 출산하고 100일 후에 녹용을 넣어 보약을 먹기도 했다.

생각해보면 자손이 귀한 시대에 시집을 와서 자손 번성해줬다고 귀한 대접을 받았다. 나는 시부모님 사랑을 독차지했다.

*

1974년 2월, 장남 상훈이의 중학교 졸업식이 있었다. 직장 때문에 졸업식장에 참석하지 못했다. 그런데 상훈이가 3년 우등, 3년 개근상을 받았다. 어린 마음에 자랑스러운 모습을 부모님에게 보여주고 싶었을 것이다. 그런데 그날 참석하지 못한 게 두고두고 마음에 걸렸다. 그래서인지 장남은 이따금 옛날이야기를 꺼내곤 한다.

"엄마 아빠는 내 졸업식에 상 받는데도 참석하지 않으셨잖아"

어른이 되어서야 웃어넘기고 있지만, 그 시절에는 어린 아들의 마음에 상처로 남아 있었을 것이다. 자랑스러운 우리 집 장남의 졸업식장에 참석하지 않을 만큼 직장에 충실했다. 아들에게는 미안하고 부끄럽고 면목이 없지만, 그래도 직장인으로서 공과 사를 명백히 밝혔다. 그만큼 내가 맡은 일에 최선을 다하지 못하면 스스로 못 견디는 성격을 가졌다.

큰아들이 중학교를 졸업하고 이사를 했다. 작고 아담한 기와집이었다. 살림도 제법 안정을 찾아갔다. 하지만 형들이 모두 학교에 가면 막내는 혼자 빈집에서 강아지와 놀아야 했다. 그것이 너무 마음 아프고 힘들었다.

그날도 세 아들의 학교 운동회에 참석하려고 막내의 손을 잡고 집을 나섰다. 그런데 막내아들이 빈집을 돌아보며 내게 말했다.

"엄마, 집은 누가 봐?"

가슴이 철렁 내려앉는 것만 같았다. 내가 직장을 다니고 공부를 하는 것이 정말 잘하는 일인가 싶었다. 지금도 빈집을 돌아보며 내게 말하던 막내의 목소리가 생생하게 들려오는 것만 같다.

아이들은 몸도 마음도 건강하게 잘도 자랐다. 특히 장남 상훈이는 공부를 썩 잘했다. 워낙 영특하고 매사에 심사숙고해서 장남다웠다. 그날은 상훈이가 진주고등학교 시험 발표일이었다. 당시 진주고등학교는 명문 고등학교였기에 경쟁률이 높았다.

그날 대평면에서 다시 배를 타고 멀리 출장을 가는 날이었다. 마음은 상훈이 시험발표에 있었다. 근무하면서도 남의 집 라디오에 귀를 기울이며 안절부절못했다. 그런데 합격자 명단에 정상훈이 들어 있었다. 나도 모르게 고함을 질렀다. 그 순간은 정말 세상을 다 얻은 것 같은 기쁨이었다. 내 아들을 믿고 있었지만 너무 기쁘고 행복했다.

가족의 힘

그해 봄, 큰아들 상훈이가 진주고등학교에 입학하고 나는 영남지방 여성 지도자 과정 하계연수회에 참여했다. 보건직 여직원 1명과 2박 3일 일정이었다. 당장 살림하는 여자가 집을 비우게 되면 남편의 구박은 각오해야 하는데, 남편은 군소리 한마디 하지 않았다. 그럴 때면 남편에게 너무 미안하고 고맙기도 했다. 더구나 그 무렵에는 이런저런 교육이나 세미나가 많았다. 자주 집을 비우는 것도 남편에게 못 할 짓이라는 생각이 들고 오 형제 아이들 뒷바라지도 마음에 걸렸다.

그러니까 그 이듬해 1975년 3월 8일 서울에서 가족계획 기초훈련을 받아야 했다. 교육 기간이 1주일이라서 집을 비운다는 게 마음에 걸렸다. 그런데 마침 시어머니가 집에 오셨다. 마침 1주일 동안 시어머님에게 부탁을 해보려고 했는데. 손주들만 안아보시더니 그냥 가시겠다며 자리에서 일어나시는 것이었다. 결국 남편이 일주일 동안 아이들의 엄마 노릇을 해야 했다. 그때는 정말 남편이 그지없이 고맙고 미안했다.

1975년 3월 방송통신고등학교에 입학을 했다. 공부를 하면서 여러 가지 일을 소화해 낼 수 있었던 것은 가족의 힘이었다. 무엇보다도 남편의 뒷바라지가 큰 도움이 되었다.

천성이 새로운 환경과 일을 좋아해서 어떤 목표를 정하면 끈기를 가지고 도전하는 습성이 있다. 그때마다 반드시 좋은 열매를 맺었다. 그런 결과물을 얻는 과정에서 남편이 든든하게 버팀목이 되었다.

우리 가족은 그해 진주여고 근처의 이층집으로 이사를 했다. 진주에서 교통편이 좋고 진주여고 정구장이 가까이 있었다. 학교 공부도 해야 하고 일도 해야 하고, 남편과 아이들 뒷바라지까지 1인 3역을 잘도 해나갔다. 그런데도 힘든 줄을 몰랐다. 행복한 가정을 만들어야겠다는 열정이 남달랐다. 지금도 생생하게 떠오르지만 겨울 저녁에 남편과 아이들 운동화를 세탁하는데 팔이 떨어지도록 아프고 쓰라렸는데 나도 모르게 눈물을 흘린 적이 있었다.

그 무렵 매일 집에서 뒷바라지해 주는 어머니보다는 내 아이들에게 더 좋은 것을 먹이고 깨끗하게 입히고 싶은 욕심이 앞서 있었다. 남편 출근 준비와 아이들 등교 준비를 마치고 나면 시계는 거짓말처럼 밤 자정을 가리켰다. 그리고 새벽 1시부터 책을 펼쳐놓고 내 공부를 했다.

우리 가족이 살던 이층집은 방이 3개였는데 연탄 아궁이였다. 연탄을 절약하겠다고 이방 저 방 옮겨 다니며 불을 피웠다. 결국 방이 춥고 집안에 냉기가 돌았다. 그렇게 추운 방에 막내아들을 혼자 두고 나갈 때마다 가슴에 금이 가는 것만 같았다. 너무 마음이 아파서 막내를 유치원에 보내기로 했다. 그런데 막내는 울면서 유치원을 다니지 않겠다고 투정을 부렸다. 그냥 투정을 부리는 정도가 아니라 서럽게 우는 것이었다. 그때는 몰랐지만 왜 막내가 유치원에 가지 않으려고 떼를 썼는지 지금은 이해할 것만 같다. 내 자식의 속마음을 인제 와서 이해할 것 같다고 하면 막내에게 미안한 마음만 커진다.

당시에 막내는 부모님도 없는 빈집에서 혼자 집을 보고 있는데 유치원이라는 낯선 장소에서 적응이 안 되는 것은 너무도 당연했다. 그래서 혼자 놀잇거리를 만들고 강아지와 놀아주는 것에 익숙했던 것이다.

그래도 남편은 점심시간을 이용해 집에 가서 막내에게 밥을 챙겨주고 근무시간에도 전화를 자주 했다. 생각해보면 아들 오 형제 중에서 막내아들이 대견스러운 면이 많았다. 어둑어둑 날이 저물면 온통 막내 걱정이었다. 집으로 가는 버스는 느리기만 하고 마음은 바빴다.

"엄마 왔다!"

문소리만 듣고도 엄마인지 형인지, 아버지인 줄 잘도 알아보는 막내가 빈집에서 혼자 가족을 기다리는 모습을 볼 때마다 눈물이 왈칵 쏟아지곤 했다. 오후 늦은 시각부터 형들이 하나둘 집으로 오고 아버지가 오고 어머니가 올 것이라며 그 어린 것이 참고 기다렸을 시간을 떠올리면 지금도 가슴에 구멍이 나는 것만 같았다.

그런 외로운 환경에서도 막내아들은 형들을 잘 따랐다. 심부름도 잘하고 인사도 잘해서 우리 집에 다녀가는 손님들이 막내아들이 대견하다고 칭찬을 많이 했다.

2부

가족의 힘

위기

세상의 일이 사람 마음대로 되는 일이 없다. 순탄하지 않은 것이 사람의 생이다. 사람이기 때문에 뜻하지 않은 일을 만나기도 하고 어느 날 문득 벼랑에 서기도 한다. 나는 위기를 두려워하거나 피하려 들지 않았다. 그렇다고 좌절하거나 포기하지도 않았다. 죽을힘을 다해 위기에서 벗어나려고 노력하면서 살아왔다.

1976년 봄 전신전화국에 근무하던 남편이 파면을 당했다. 남편이 16년 동안 장기 근속한 결과는 너무도 허무했고 마음은 감당할 수 없을 만큼 무겁고 괴로웠다.

그때 큰아들 나이 19세, 둘째 15세, 셋째 13세, 넷째가 10세 막내가 7세였다. 사실 남편의 파면은 불의를 모르고 살아온 자신에게 그대로 치욕이었다. 남편이 직장 상사를 잘 못 만난 것이 화근이었다. 남편이 대동공업사에 근무하는 총무이사와의 잘못된 만남이 원인이었다. 결국 회사에서 일어난 사고를 남편이 혼자 뒤집어쓰기로 한 것이었다. 남편은 나와 아들 5형제에게도 일절 숨기고 있었다. 나중에 알았지만 그 무렵 남편의 얼굴에 그늘이 흥건하게 고여 있었다. 그런데 다짜고짜 말도 없이 훌쩍 부산으로 떠나고 말았다. 다른 직원들은 회사를 상대로 이의신청을 하고 청원을 해서 복직이 된 사람도 더러 있었다.

남편은 불쑥 부산으로 떠났다. 그리고 4일째 되는 날 회사의 직원으로부터 자세한 설명을 들었다. 전화기를 들고 있는 손이 떨렸다. 하늘이 무너지는 것만 같았고 앞이 캄캄했다. 마침 큰아들은 대학진학을 앞두고 있었다. 당장 생활은 어려워지게 되었고, 아이들의 뒷바라지가 걱정되었다. 내 월급만으로는 오 형제를 뒷바라지하면서 감당해내기에는 한계가 있었다. 아무리 힘들어도 자식 교육만큼은 부족함이 없도록 하고 싶었다. 그런 생각은 남편도 나와 같았다. 며칠 고민을 하다가 장남 상훈 이를 조용히 불렀다.

"그냥 경상대학으로 가면 안 되겠냐?"

부산대학 진학을 계획하고 있던 장남의 얼굴에 어둠이 내려앉았다. 사실 장남은 서울대학교를 꿈꾸고 있었다. 그런 큰 생각을 하는 장남에게 경상대학교에 진학하라고 말하면서 심장에 바늘을 찌르는 고통을 감내해야 했다. 그러나 장남의 생각은 단호했다.

"아르바이트를 해서라도 부산대학에 다니겠습니다"

"미안하다. 상훈아…."

목이 메서 말이 나오지 않았다.

"내가 돈도 벌고, 장학금 받으면 되지, 뭐!"

그날 저녁 많이 울었다. 장남은 집안에 닥친 어려움을 잘 알고 있었다. 그런 장남의 마음이 기특하기도 하지만 뒷바라지를 못 해주는 부모의 마음은 찢어지는 고통이었다. 결국 서울대학교를 꿈꾸던 장남은 부산대학교 기계설계학과에 합격했다. 그리고 장남 상훈이는 부산에서 자취를 했다. 마침 부산에 조정은 친구가 살고 있었다. 그곳에 상훈이를 부탁했다. 또 상훈이가 자기 친구네 자취방에서 지내기도 했다. 넉넉하지 못한 살림이라서 그 뒷바라지를 풍요하게 해 주지 못했다. 그래도 1주일에 한 번은 꼬박 장남 상훈이가 지내는 자취방을 찾아갔다. 비상 근무가 있는 날은 마음이 조마조마했다. 큰아들 상훈이가 어머니를 기다리고 있을 것만 같았다.

부산에 가서 상훈 이를 볼 때마다 고생하는 모습을 보고 와서 며칠 동안 마음이 아파서 혼자 훌쩍이곤 했다. 생활은 점차 어려워지고 아이들이 자라면서 빚이 늘어나고 있었다. 때로는 남편이 그토록 원망스러웠다.

그렇다고 남편은 모질고 인정이 없는 사람이 아니었다. 워낙 인간관계가 원만하고 사회생활을 아주 잘하는 사람이었다. 주말이면 동료들과 산행을 하고 주변 이웃들과도 좋은 만남을 유지하며 인간관계를 잘도 유지했다.

서포, 오리사육장

모든 일에 감사하고 열심히 정진하는 자에게 복이 온다는 말을 실감나게 했다. 밖에서는 잘도 견뎌내면서 남편은 내 앞에서 버릇처럼 일이 힘들다고 투정을 부리곤 했었다. 장기근속한 회사에서 파면이라는 불명예는 퇴직금까지 앗아갔다. 직원들이 십시일반으로 모아준 격려금 80만 원이 전부였다.

남편이 직장을 잃고 실의에 빠져 있을 때 많은 분이 위로를 하겠다며 찾아왔다. 직장동료들이 찾아오고 고향의 선배와 후배들이 찾아왔다. 당장 무언가를 시작해야겠다는 남편의 말을 듣고 멀리 경남 서포에서 후배 직원이 찾아왔다.

"오리 사육이라니요?"

남편은 대뜸 서포에 가서 오리 사육 사업을 하겠다고 말했다. 너무 황당한 생각이었다.

"후배랑 같이하기로 했어"

하지만 남편은 이미 결심을 한 상태였다. 말려도 소용없다는 걸 알지만 당장 걱정이 앞서서 말렸다. 하지만 남편은 정작 중요한 문제는 늘 스스로 결정하면 그만이었다. 오리 사육이 어쩐지 불안하고 찜찜했지만, 딱히 말릴 수 있는 상황도 아니었지만, 땅을 매입해서 바다에서 오리를 사육한다는 것은 무모한 결정이라고 생각했다. 그러나 무언가를 하겠다는 의지가 서 있는 남편에게 극구 반대를 하는 것도 옳지 않다는 생각이 들었다.

결국 남편은 서포 전화국에 근무하는 후배의 말을 듣고 서포에 땅을 매입했다. 그런데 막상 같이하자던 후배가 생각을 바꾸고 남편 혼자 오리 사육을 시작해야 했다. 매입한 땅에 비닐하우스를 지었다. 그리고 오리 300여 마리를 가두어 놓고 한낮에는 바다로 풀어줬다. 저녁에는 그 오리를 다시 비닐하우스로 몰아와야 했다.

밤이면 바닷가의 물살 소리와 오리 울음소리가 정겹게 들려왔다. 불안하기만 한 내 마음을 환히 들여다보고 있던 남편은 뒤뚱거리며 걷는 오리 무리를 바라보며 말했다.

"두고 봐! 반드시 성공할 거니까!"

남편의 눈빛이 반짝거렸다.

"아이들 때문에 실패는 안 돼요"

남편을 믿었다. 가정을 지키려는 의지가 강한 남자였다. 남편이 열성과 정성을 쏟아붓는 만큼 오리들도 잘 자랐다. 하지만 얼마 가지 않아서 문제가 생겼다. 바닷가로 나가던 오리가 모래밭에 알을 낳고 그 알들을 찾아다니는 일들이 단순한 문제는 아니었다. 남편과 나는 서로 힘이 들어서 자연스럽게 신경전이 벌어지고 급기야 말다툼까지 잦아졌다.

날이 갈수록 오리들이 죽어 가는데 그 속상한 마음을 서로 풀 곳이 없어서 상대방에게 분풀이하는 꼴이었다. 보건소 근무도 부쩍 힘이 들었다. 살림이 어려운 데다 오리 사육장도 손길이 모자라는 상황에서 출근해도 마음은 늘 가족과 남편이 있는 서포에 가 있었다.

그렇다고 마땅히 하소연할 곳도 없었고 종교에도 큰 관심이 없어서 더욱 암담했다. 앞으로 살아갈 일을 생각하면 앞이 캄캄했다. 그 캄캄한 허공에 대고 입버릇처럼 중얼거리며 눈물만 흘렸다.

"부처님, 우리 가족 살려 주세요"

막연한 애원이었다. 불교에 대한 기초 상식도 모르면서 입에 달고 다녔다. 그러다가 문득 의곡사가 떠올랐다. 남편이랑 몇 번 가본 사찰이었는데 자꾸만 내 마음을 끌어당겼다. 그래서 초하루 보름이면 일찍 서둘러 일어나야 했다. 아이들을 학교에 먼저 보내고, 남편 출근 준비를 다 해놓고 의곡사로 달려갔다.

부처님이 우리 가족의 생계를 해결해 줄 것이라는 막연한 믿음보다는 그래도 가정을 지키려면 무언가에 의지하고 믿는 구석이 필요했다. 다행히 남편도 내 생각을 잘 따라주는 것 같아서 안도했다.

남편의 오리 사육장과 내가 근무하는 대평면 보건소는 워낙 먼 거리였다. 그렇다고 살림집도 가까운 거리가 아니라서 고민을 많이 했다. 특히 야간근무를 해야 하거나, 비상 근무를 하게 되면 집에서 기다리는 아이들이 걱정되고, 오리 사육장에서 혼자 고생하는 남편이 마음에 걸렸다.

며칠 고민을 하다가 계장님에게 사정을 털어놨다.

"하긴? 산골 오지까지 오래 참고 다니셨지?

마침 계장님이 내 사정을 환하게 파악하고 있었다. 그동안의 공적과 표창장을 이용해서 그나마 집에서 가까운 곳으로 전근해 달라고 부탁했다. 며칠 후 계장님이 나를 찾아 오셨다.

"정촌면으로 가면 어때요?

너무도 반갑고 기쁜 소식이었다. 계장님은 면장님과 의논하시고 결정된 사항이라고 말했다.

"오지에서 고생 많으셨어요"

면장님이 환하게 웃어 보이시며 섭섭해하셨다. 하지만 기회가 되면 다시 함께 만나서 근무하고 싶다고 말씀하셨다. 대평면 사무소를 떠나오는 날 마음이 울적했다. 마을 분들에게 친절하고 성실하다고 칭찬을 많이 받았기 때문이다. 면사무소 정문을 걸어 나오는데 그렁그렁 눈물이 차올랐다.

남편은 사천군 서포면 오리 사육장에서 생활하고 있었다. 자연스럽게 외부의 일들은 고스란히 내 몫이었다. 따로 시간을 내서 화물차로 사료를 실어 나르고, 모래밭에 굴러다니는 오리 알을 주워 모아야 했다. 주워 모은 오리알을 판매하는 것도 오리 알의 판로를 개척하는 것도 결국 내 몫이었다.

그렇다고 집안 살림을 소홀할 수도 없었다. 아이들의 반찬 준비를 하려면 시장을 다녀와야 하고 청소와 빨래도 밀려서는 안 되는 상황이었다. 당시에는 별다른 이동수단이 없어서 걸어서 다녀야 했다. 서포의 오리 사육장으로 집으로 정촌면 보건소로 종일 걸어서 다녀야 했으니 그야말로 동분서주하며 살았다.

더구나 일요일이면 방송통신고등학교 출석 수업이 있는 날이었다. 토요일 일찍 퇴근해서 시장에 다녀와서 집안일을 마무리하고 저녁에는 아이들 밥을 준비해서 먹여야 했다. 또 남편에게 가져갈 반찬을 따로 준비해서 막차를 타고 밤늦게 서포 오리 사육장에 도착했다. 그리고 다시 새벽에 일어나서 방송통신고등학교에 달려가 출석 수업에 참석했다.

생각해보면 나도 보통 철인이 아니었다. 그 많은 역할을 해내면서도 어느 것 하나도 힘들다고 포기해야겠다는 생각은 해 본 적이 없었다. 나의 이런 반복된 생활은 당분간 계속되었다.

그런 환경에서도 아들 오 형제는 몸도 마음도 건강하고 밝은 모습으로 잘도 자랐다. 자주 만나지 못하는 엄마에게 원기소가 되어 웃어주고 친구가 되어주곤 했다. 내 아이들은 스스로 알아서 공부하고 기타를 연주하며 예능 감각도 키워나갔다. 스스로 알아서 하는 공부가 약이 되는 법이다. 어쩌면 공부를 하려는 열정은 내 아이들이 엄마를 닮았지 않나 싶다.

그 무렵 내가 늦은 나이에 학교를 다니는 것은 여러 이유 중에서 아이들 때문이기도 했다. 아이들과 내가 지성과 인격의 차이가 나서 소통의 단절이 올지 모른다는 불안감 때문이기도 했다. 정말 소통의 부재가 되어서 아이들로부터 버림받을지 모른다는 강박감에 사로잡히곤 했다. 물론 내 아이들이 부모를 버리는 일은 없을지라도 좋은 가정은 소통의 벽이 없어야 한다는 것이 내 삶의 원칙이기도 했다.

내가 공부를 하겠다고 억지 부려가며 매달리는 또 다른 이유는 성격 때문이기도 했다. 아니 괜한 자존심인지도 모른다. 주변 친구들과 같이 나란히 진학하지 못하고 때를 놓친 것에 대한 단순한 미련이라기보다는 다른 사람보다 앞서가야 직성이 풀리는 욕심과 자존감 때문이기도 했다. 지금 돌이켜 보면 괜한 자존심 때문에 하지 않아도 되는 고생을 사서 했고, 편하게 걸어갈 길을 가시밭길을 자처했다.

아무튼 서포에 있는 오리사육장은 현상 유지도 힘들었다. 오리들이 자꾸 죽어가면서 남편도 나도 상심만 커가고, 인내심도 시들해졌다. 무엇보다도 사료값이 나오지 않는 오리 사육을 계속한다는 것은 무리였다. 처음부터 무모한 사업이었다. 며칠 고민을 하다가 남편과 나는 오리 사육장을 그만 접기로 했다. 애초 매입했던 땅을 팔고 결국 빚만 떠안게 되었다.

하지만 막상 오리사육장을 처분하면서 너무 허탈했고 씁쓸했다. 남편이 고생한다고 시어머님이 오셔서 멀리 있는 물을 한 달 동안이나 손수 길어 나르시며 고생만 하셨다. 그래도 남편이 오리사육장을 처음 시작했을 때 많은 이웃의 도움이 있었다. 고향의 남진회모임의 도움으로 서포마을에서 오리사육장까지 전기를 넣어주고, 이런저런 도움도 많이 받았다. 그분들의 따뜻한 마음과 응원이 있었기에 어려움을 이겨내면서 그나마 버틸 수 있었다. 힘들어하는 남편을 찾아와 저녁 바닷가에서 술잔을 나누며 위로해주시던 많은 분에게 실망을 안겨주는 것 같아서 마음이 쓰리고 아팠다.

기억에 남는 것은 그때 막 7살짜리 막내아들이 아버지와 서포 오리사육장에서 지내는 날이 많았다. 바닷가의 비닐하우스에서 밤이면 춥다고 아궁이에 불을 많이 넣어서 막내아들 엉덩이가 화상을 입기도 했다. 지금도 빨갛게 익은 막내아들의 엉덩이 흉터가 생생하게 떠오른다.

진주 상봉서동

1978년 5월, 그러니까 큰아들이 대학교 2학년 때였다. 남편은 오리사육장을 정리하고 장사를 하겠다고 말했다. 그렇다고 남자가 하는 일을 말리고 싶지는 않았다. 남편은 곧 진주 상봉서동에 작은 가게를 얻어서 장사를 시작했다. 여러 가지 생활 잡화를 판매하는 슈퍼였다.

퇴근을 하면 집안일을 정리하고 곧장 슈퍼로 달려갔다. 방학 때나 주말이면 남편 가게에 가서 도왔다. 그렇게 도울 수밖에 없는 것이 슈퍼가 워낙 바빴다. 많은 이익이 남는 장사도 아닌데 남편 혼자서 가게를 운영하기에는 잔손이 모자랐고, 워낙 바빠서 화장실 다녀올 짬이 없었다.

하지만 남편은 장사 수단이 없는 사람이었다. 더구나 동네 여자들을 상대할 수밖에 없는 생활품목이라서 남편의 비위로는 처음부터 불가능한 시도였다. 여자들이 물건을 집어 들고 깎아달라고 하거나 교환해 달라고 할 때마다 남편은 난색을 하고 대처를 못 했다. 결국 남편이 받은 스트레스는 고스란히 내 몫이었다. 남편은 내 얼굴을 보면 투덜거리며 가뜩 찌푸리는 날이 이어졌다. 어느 날인가는 남편은 아예 가게 문을 닫아놓고 깜깜무소식이 되었다. 나중에는 남편이 행방을 감추고 나타나지 않는 날이 잦아졌다.

가게를 닫아 놓고 행방을 감춘 남편이 15일 만에 연락이 왔다.

"여기 부산이네"

"가게를 어짭니까?"

"차라리 막노동을 하고 말지. 못하겠어"

남편은 항상 이런 식이었다. 무언가 일을 벌여놓고 그 뒷감당은 고스란히 내 몫이었다. 처음부터 가게를 시작한 것은 잘못된 판단이었다. 하지만 막노동이라도 해서 아이들 뒷바라지를 하겠다는데 나도 더 이상 할 말이 없었다. 그때는 직장을 잃고 여러 가지 실패를 거듭하는 남편의 모습을 지켜보면서 가슴에 커다란 혹을 달고 다니는 느낌이었다.

다행히 가게를 인수하겠다는 후배가 나타났다. 가게 자리가 썩 좋은 자리여서 탐내는 사람들도 있었지만 이왕이면 후배에게 물려주기로 했다. 문제는 가게의 물건들을 정리해서 비워줘야 하는 상황이었다. 후배는 다른 품목을 판매하겠다고 해서 슈퍼 물건을 모두 정리해서 처분해야만 했다.

가게정리도 그렇고 당장 휴가를 받아야 했다. 하지만 그 무렵 정촌면 보건소에 발령을 받고 얼마 되지 않아서 휴가신청서를 내기에는 불편한 상황이었다. 그런데 집안 사정 이야기를 꺼내기도 전에 계장님이 휴가사용을 허락해주셨다. 가게 물건들을 정리하고 처분했는데 생각보다 손해가 컸다. 오리사육장에 이어서 다시 슈퍼를 청산하고 결국 빚만 늘어나고 있었다.

당장 살림에 균열이 가면서 이제는 나서서 무언가를 하지 않으면 안 되는 상황이었다. 부산에 있는 남편과 전화통화를 하고 나서 며칠 동안 잠을 설치며 고민했다. 그리고 먼저 남편에게 분식집 개업에 대해 의사를 물었다.

"한번 잘 해봐?"

남편은 무슨 영문인지 흔쾌히 허락했다. 남동생을 만나 튀김집을 같이 한번 해보자고 제안했다. 그 무렵에는 마침 튀김집이 유행이었다. 학생들을 상대로 실내에 음악을 틀어주는 청소년 문화공간을 계획하고 있었다.

진주 시내를 돌아다니며 마땅한 가게를 구하러 다녔다. 마침 진주 우체국 바로 앞에 2층 건물이 매물로 나와 있었다. 동생과 건물의 실내공간을 점검하고 나서 뮤직 박스를 만들기로 했다. 그때 그림 솜씨가 뛰어난 둘째 아들이 뮤직 박스를 꾸몄다. 남동생은 테이블과 의자를 준비하고, 음식 조리 방법도 배웠다.

마침내 가게를 열었다. 고객은 계획대로 학생들이었다. 자신들이 듣고 싶은 음악도 신청하고 좋은 음악을 들려주는 밝고 활기찬 공간이어서 학생들에게 인기가 높았다. 얼마 지나지 않아서 많은 손님이 북적댔다. 특히 둘째 아들의 그림 솜씨로 장식한 뮤직 박스가 학생들에게 인기를 끌었다. 주메뉴는 새우와 고구마튀김, 물김치와 채소튀김이었다. 예상했던 것보다 장사가 잘되었다. 매출도 점차 올라가고 앞으로 매출에 대한 느낌도 좋았다.

하지만 가게가 바빠지면서 집안 살림에는 아무래도 소홀해질 수밖에 없었다. 부산에 있던 남편이 집에 다녀올 때도 가게 때문에 얼굴을 보지 못한 때도 있었다. 그래서인지 어느 날 불쑥 남편이 가게를 당장 접으라고 말했다.

"여자가 살림이나 할 것이지, 장사는 무슨?"

"그렇다고, 잘되고 있는 가게를 그만 두라구요?"

누구보다 남편의 성미를 잘 아는 터라 잘 설득해보려고 했다. 그러나 워낙 완고하게 반대하는 남편의 속마음을 이해할 수 없었다. 남편은 매사에 그랬다. 처음에 가게를 하겠다고 말할 때는 '그래, 한번 잘 해봐' 라면서 나중에는 극구 반대를 하고 나선 것이었다.

사실 튀김집은 정말 장사가 잘되었다. 가게를 처분하기에는 너무도 아깝고 아쉬웠다. 그런 생각은 옆에 있던 남동생도 마찬가지였다. 하지만 무엇보다도 가족의 평화를 위해서는 남편의 의사에 따라야 한다고 생각했다. 그렇다고 고집을 부려서라도 가게를 계속하게 되면 이 또한 불화와 갈등이 빚어질 게 불 보듯 빤한 상황이었다.

아마 그때 가게를 계속 운영했더라면 크게 성공했을 것이라는 미련이 남아 있다. 그리고 가게가 잘 되면 근무하고 있던 보건소 근무도 그만 둘 계획이었다. 모든 계획이 어긋났던 것이다. 하지만 긍정적으로 생각하기로 했다. 아마 남편은 고생하는 모습이 미안해서였는지 모른다. 학생들을 상대로 하는 장사이기 때문에 남편이 가게 일을 돕고 싶어도 도울 수 없는 상황이라서 그렇게 말렸을 것이라며 남편의 마음을 긍정적으로 생각했다.

막상 가게를 정리하면서 또다시 막대한 손해를 감수해야 했다. 튀김집을 열기 얼마 전에 남편의 슈퍼를 정리할 때처럼 가게를 인수할 사람을 찾아서 정리했다면 다시 큰 손해는 없었을 것이다. 그러나 극구 반대하는 남편의 성화를 설득할 만한 힘도 없었고, 무엇보다 가정의 평화와 행복이 우선이라는 내 삶의 원칙을 버리고 싶지 않았다.

결국 다시 가게를 정리하고 나서 큰 손해를 감수해야 했다.

*

남편에게 순종하는 아내였지만, 내 아이들에게는 엄격했다. 친정아버님의 영향이기도 했다. 그만큼 가정교육을 중요하게 생각했다. 한창 사춘기의 아들들이 이따금 여자 친구를 집으로 데려오기도 했다. 아들들에게 밖에서 여자 친구를 만나지 말고 집으로 데려오라고 했다. 그것은 나의 가정교육방식이기도 했다. 여자 친구를 데려오면 간식과 음료수를 내어주고 두 시간 이상은 한 공간에 두지 않았다.

지나치게 엄격했는지는 모르지만 아들들은 내 생각대로 잘도 따라 주었다. 그 무렵 비록 풍요한 살림은 아니었으나, 아들 오 형제는 몸과 마음이 건강하고 밝은 모습으로 성장해 갔다.

그때 장남은 부산에서 자취를 하고 있었고, 사형제가 모두 내 곁에 있었다. 아이들이 한창 혈기왕성할 때라 쿵쿵거리며 뛰어다녀서 아랫집 주인집 할머니가 집세를 올려달라고 했다. 그래도 아이들이 기죽을까 봐 잔소리 한 번 하지 않았다.

그 무렵 장남이 자취하는 방을 옮겼다. 남편은 장남과 함께 지내기로 했다. 남편은 공사장에 다닌다고 내게 말했다. 잘 다니던 회사를 그만두고 공사장을 전전하는 남편을 생각하면 온 종일 마음이 언짢고 괴로웠다.

어쨌거나 부산과 진주에 두 집 살림하게 되는 형국이었다. 시간을 내어 남편과 장남이 사는 부산에 다녀오곤 했다. 직장을 잃고 방황하는 남편에게 사실 나는 섭섭하고 원망스러운 일들이 많았지만 지난 일은 모두 잊어버려야 한다고 속마음을 억누르며 살았다. 그것이 남편을 위하는 것이고, 사랑하는 아들 오 형제를 위하는 길이라고 생각했다.

언젠가 한 번 내가 부산에 갔을 때 남편이 식물원에 가자고 내게 말했다. 표현은 못 해도 원망으로 가득한 남편이지만, 모처럼 남편의 손을 잡고 걸었다. 남편의 손은 늘 따뜻했다. 문득 남편에게 물었다.

"병원에서 무슨 일 하시는데요?"

남편의 얼굴이 붉게 달아오르고 상기했다.

"으…, 응?"

남편은 얼버무리며 말끝을 흐렸다. 남편의 얼굴을 빤히 바라보며 물었다.

"죽은 사람 염 한다고 하던데요?"

찢어지는 마음을 애써 참으며 남편에게 다그쳤다.

"누가 그래?"

남편은 내 눈을 피해 먼 산을 바라보며 버럭 소리 질렀다. 남편이 부산대학교 병원 영안실에서 죽은 사람의 옷을 입히고 염을 한다는 소식은 진주에까지 소문이 자자했다. 다른 사람으로부터 그 말을 전해 듣고 가슴이 철렁 내려앉았다. 그것은 거짓말일 것이라고, 아니 헛소문이라고, 내가 나에게 몇 번이고 말하며 자위했다. 그 소문에 대해 남편에게 묻고 싶었다.

그런데 모든 게 사실이었다. 참으로 억장이 무너져 내리는 것만 같았다. 큰아들은 부산대학교에 다니고, 그 아버지는 부산대학병원 영안실에서 시체 만지는 일을 하고 있었던 것이다. 밤새 내 마음을 마구 할퀴었다. 손톱 밑에 바늘이 들어오는 고통이었다.

그날 저녁 진주의 집으로 돌아오는데 남편이 버스터미널까지 따라 왔다. 아프고 괴로운 내 마음을 아는지 모르는지, 남편이 나를 빤히 바라보았다. 버스 유리창 사이로 남편과 멍하니 서로의 눈을 바라보았다. 저녁 불빛 아래서 남편의 눈이 촉촉했다. 내 눈에는 벌써부터 흥건하게 눈물이 차올라 있었다. 지난 시간들을 돌아보면 몸과 마음이 가장 힘들었던 때였다. 그러나 가장 행복한 순간들이기도 했다.

하지만 장남은 부산대학교에서 좋은 친구들도 만나고 학교생활을 아주 잘했다. 아르바이트로 용돈을 마련하고 자신이 읽어야 할 책을 구입할 정도로 제 할 도리를 잘하는 효자였다. 오 형제의 맏아들답게 기특하고 대견했다. 비록 가정형편은 어려웠지만 몸과 마음이 건강한 아들 오 형제를 보면서 항상 든든했다. 가난했지만 우리 가족은 행복했다.

마침내 건강하고 든든한 장남 상훈이가 1981년 7월 31일 육군에 입대했다. 장남 상훈이가 훈련소에 입소하는 날, 온몸으로 울었다. 훌쩍이고 있는 내 옆에서 남편은 버럭 소리쳤다.

"군대를 갔다 와야 사내구실 한다"

남편은 아내와 자식들에게 엄격했고 무서운 존재였다. 밥상에 맛있는 고기가 올라오면 남편은 인정사정없이 자신의 입안에 넣기 바빴다. 맛있는 음식은 자식들보다 자신이 먹어야 그 순서가 옳다는 것이었다.

"너희들은 나중에 먹을 날이 많다"

음식 욕심이 유별나게 많은 것도 사실이지만, 지금 와서 생각해보면 남편의 말이 논리에 어긋나지 않았던 것 같다. 그래도 우리 아들 오 형제는 한 번도 부모에게 거슬리는 행동을 하지 않았다. 남편은 워낙 엄격해서 아들들에게 사나이 근성을 가르쳤고, 나는 한없이 부드럽고 유약한 감성을 가르치며 살아왔다.

*

지금도 돌이켜 생각해보면 상봉서동 이층집에 살던 때는 우여곡절이 참 많았다. 남편이 직장을 잃고 시작한 가게를 두 번씩이나 실패했었다.

그 집에 살 때 장남이 육군에 입대했는데, 둘째와 셋째는 고등학교에 다녔고 넷째가 중학생 막내가 초등학생이었다.

1981년부터 금산면 보건소에서 근무하고 있었다. 진주의 집에서 금산면 보건소까지는 상당한 거리였다. 집주인의 전세 인상과 집세 독촉에서 아니면 나가라고 했다 독촉이 이어졌다. 그러나 그만한 돈을 마련할 만한 방도가 없었다. 직장이 없는 남편의 주머니에서 해결될 일도 아니었고 나의 보건직 공무원 봉급으로는 터무니없었다.

그렇다고 당장 길거리에 나 앉을 수도 없었다. 모든 일은 일보 앞서가기 위해 이보 후퇴하는 법이라는 말이 떠올랐다. 우선 시간과 교통비가 절감되는 방법을 생각했다. 마침 마을 이장 회의가 열리는 날이었다. 평소 알고 지내는 금산면 덕정리 이장님에게 한 달 치 봉급 6만 원을 모두 드리면서 집을 구해달라고 부탁했다.

"살림하면서 멀리까지 다니기 너무 힘들어요"

"그래요, 내 금방 알아봐 주겠습니다"

이장님께서 흔쾌히 알아봐 주시겠다고 말했다. 그리고 며칠 후에 이장님으로부터 연락이 왔다. 이장님을 따라서 덕정 마을에 달려갔다.

"남의 땅에 지은 집이라도 건물은 멀쩡해요"

이장님이 폐가로 보이는 흙집을 가리키며 내게 말했다. 처음에는 좀 당황했다. 더구나 토지의 주인이 따로 있었다. 건물만 인수하는 조건이었는데 토지 주인에게 약간의 월세를 내는 조건이었다. 흙집에 방 한 칸이 있는데, 다시 달아낸 방이 한 칸 더 있었다. 꼬막 껍데기와 황토를 버무려 쌓아 올린 부엌이 있고 아담한 대청도 있었다. 집 뒤뜰에는 서까래가 까맣게 그을려 있고 마당에도 이끼가 푸르스름하게 자라나 있었다.

한눈에도 불에 타버린 집이었다. 사람 출입이 끊어진 대문과 이 빠진 사람처럼 무너져 내린 축담을 바라보며 한숨이 나오고 마음이 쓰라렸다. 당장 그 집을 구입하기로 결심했다. 남편과 장남이 내가 매입하겠다는 집을 보려고 달려왔다. 남편이 낡은 집을 한 번 훑어보더니 크게 상심하는 눈치였다.

"꼭, 이런 집을 사야 해?"

남편은 한숨을 뿜었고, 장남은 말이 없었다. 남편의 눈치를 살피며 말했다.

"이 집에서 우리 가족이 일어서야 해요"

"…."

남편은 말이 없었다. 그러나 남편의 눈이 촉촉하게 젖어 있었다. 차오르는 눈물을 속으로 참으며 이를 악물었다. 나중에 알았지만 그 집은 여기저기 대수선이 필요한 집이었다. 천천히 살아가면서 집수리를 하기로 했다.

행복한 눈물

기쁨이 있으면 반드시 슬픔이 따른다. 그것이 인생이라는 생각이 든다. 행복해서 울고 웃고, 눈물을 쏟는 것이 인생이다.

1981년은 우리 가족이 살아오면서 잊을 수 없는 한 해였다. 악몽이기도 했고, 기쁨이기도 했고, 행복이기도 했고, 아무튼 희비가 엇갈리는 시간들이었다. 우리 가족은 진주에서 금산면 덕정리로 이사를 했다. 이사 날짜를 잡아놓고 기다리고 있는데 남편이 근무하던 대동공업사의 총무이사로부터 연락이 왔다. 그 총무이사라는 사람은 전신전화국에서 근무하던 남편을 파면에 이르게 한 장본인이었다. 그 총무이사의 전화 목소리만 들어도 머리끝이 일어서고 온몸에 열이 올랐다.

남편이 파면을 당하고 그 총무이사가 전화를 자주 했었다. 원인 제공자이기 때문에 죄책감을 느꼈는지 모르지만 아무튼 남편이 그 총무이사와 가까이 지내는 것을 반겨기지 않았다. 그날도 총무이사가 남편을 찾았다.

"무슨 일이랍니까?"

남편에게 물었다.

"회사에서 나오라는데?"

남편이 내 얼굴을 바라보며 말했다.

"출근하시는 거예요?"

가슴이 뛰었다. 축하라고 하기에는 좀 머쓱한 부분이 있었다. 하지만 남편이 다시 대동 공업사에 출근을 한다는 것은 천만다행이었다. 그렇지 않아도 직장을 잃고 방황하면서 남편의 성격도 과민해지고 항상 의기소침해 있던 참이었다.

"열심히 할 거야"

남편이 고개를 끄덕이며 내 손을 끌어 잡았다. 남편의 손에서 온기가 느껴졌다. 오랜만에 남편에게서 느껴보는 온기였다. 우리 가족은 덕정리로 이사를 하고 집수리를 시작했다. 당시에는 새마을운동회에서 시멘트가 공급되었다. 사람들은 그 시멘트를 일명 새마을시멘트라고 불렀다. 새마을 시멘트를 구해 와서 남편과 함께 집수리를 했다. 시간이 날 때마다 군데군데 손을 보고 수리를 했다.

진주에 살던 때와 달리 금산면 덕정리는 전형적인 시골 마을이었다. 그 당시에는 농촌의 주거환경과 생활환경이 열악해서 새마을운동이 한창이었다. 생활이 어렵고 가난한 사람들이 많았다. 우리 가족이 살던 뒷집에는 아이 4명이 있는 집이었다. 부모가 품팔이를 하면서 생활하는 소박한 가정이었다. 집안 정리도 엉망이고 아이들의 위생환경도 엉망이었다. 어린이날이나 크리스마스가 되면 뒷집 아이들과 우리 아이들을 모아놓고 선물과 음식을 나눠주었다.

남편은 대동 공업사에 출근하면서 동네일에 적극적이었다. 아침마다 골목 청소를 열성적으로 하더니 온 동네가 깨끗해졌다. 나중에는 그 공적을 인정받고 반상회에서 청소 모범상을 받기도 했다.

우리 가족은 덕정리의 농촌 마을에 잘 적응했다. 비닐하우스에서 나오는 오이와 고추, 호박, 배추 무는 물론 시장에 나가지 않아도 밥상의 채소는 거뜬히 해결되었다. 모두 이웃 사람들의 도움이 있었기에 가능했다.

덕정리에 살 때 막내아들 태훈이가 금산초등학교에 다녔다. 태훈이가 6학년 때 전교 회장을 맡기도 했다. 태훈이는 어려서부터 워낙 영특했고 리더십이 강했다. 자기 관리를 잘 해냈다.

정기 예방접종을 하려고 금산초등학교에 가면 자연스럽게 인기몰이를 했다. 주사기를 들고 있는 나의 줄에는 태훈이 어머니에게 주사를 맞겠다는 어린이들이 긴 줄을 서고 기다렸다. 태훈이가 아이들에게 그만큼 인기가 있었던 모양이다. 그때마다 막내아들이 대견하고 믿음직했다.

그러나 막내아들 태훈이가 6학년 2학기가 되면서 중학교 진학에 대한 고민이 생겼다. 태훈이가 썩 공부를 잘해서 언젠가 훌륭한 일을 맡을 것이라고 예감했다. 내가 배앓이 해서 낳은 자식이라서 인지 그런 느낌이 강하게 왔다. 고민을 하다가 진주 도동에 있는 진주동중학교를 보내야겠다고 마음먹었다. 당시의 교육환경이라는 게 아무리 공부를 잘해도 좋은 학교환경이 절실히 요구되는 시절이었다.

마침 태훈이도 진주동중학교 진학을 꿈꾸고 있었다. 그래서 태훈이를 6학년 2학기 때 진주 도동에 있는 사촌 이모네 집으로 주민등록을 옮겼다. 태훈이는 금산에서 6학년을 마치고 진주 도동 중학교에 진학하겠다고 말했다.

하지만 문제가 생겼다. 금산면 진주동중학교 이사장님이 나를 다그치며 나무랐다. 막내아들의 중학교 진학을 목적으로 주소를 옮겼다는 것이 화근이었다. 사실 이사장님은 예전에 한 지붕 아래서 우리 가족과 함께 살았기 때문에 친분이 있는 사이였다. 막내아들 때문에 미안한 마음이 있었던 참인데, 이사장은 다짜고짜 역정을 내시며 내게 다그쳤다.

"공무원 못 해 먹게 해줘?"

거의 협박에 가까운 말투였다. 그러나 나는 소리치며 항의했다.

"이사장님 아들부터 금산면으로 데려오세요. 그럼 군소리 안 하고 우리 막내아들 설득하겠습니다"

이사장은 더는 대꾸하지 못했다. 그 후 서로 감정 다툼은 잠잠해지고 우리는 서둘러 진주 도동에 빌라를 셋집으로 얻어서 이사를 했다.

그런데 그때 셋째 아들은 고등학교 3학년이 되었는데 공부를 안 하는 편이었다. 셋째 아들이 항상 마음에 걸렸다. 마침 셋째 아들이 소풍가는 날이었다. 통지표가 집에 도착했는데 성적이 현저하게 떨어졌던 것이다.

그러나 자식들을 차별하지 않는 것이 남편과 나의 교육 방식이었다.

셋째 아들의 성적표를 받아들고 부들부들 떨었다. 그래도 셋째아들이 소풍 가는 날이라고 기분을 맞춰주기 위해 군소리 한 번 안 했다. 소풍을 따라가면서 마음은 어느 정도 누그러졌지만 불편하고 괴로웠다.

넷째 아들도 시간을 절약해야 하는 생활환경 때문에 관심을 많이 주지 못했다. 늘 미안했고 마음이 아팠다. 넷째를 진주에 있는 학교로 보내려고 방을 구하고 서둘렀는데 그만 때를 놓치고 말았다. 그래서 한동안 두고두고 속상한 마음이 들었다.

그래도 둘째 아들은 재능이 있었다. 서울대학교 미술대학에 합격하기까지 그 흔한 미술학원 한 번 못 보냈다. 오히려 방학이 되면 미술학원에서 학생들의 그림을 지도하면서 제 스스로 학비와 용돈을 마련했다.

다섯 아들 모두 고맙고 미안하고 자랑스러운 아들들이다. 특히 그 무렵의 둘째 아들은 살림이 어려운 줄 알고 부모의 부담을 줄여보려고 나름대로 노력했던 것 같다. 그렇다고 그럴듯하게 뒷바라지를 해주지도 못했다. 아들은 대구에 사는 친구의 자취방에서 지내면서 선배가 운영하는 학원에서 그림공부 했던 것 말고는 따로 그림공부를 한 적도 없다.

그때만 해도 남편은 아들이 서울대학교 미대를 가겠다는 말을 듣고 성화였다.

"서울대학교 가려면 법대나 의대를 가야지. 그까짓 미술은 무슨?"

남편은 둘째 아들을 앉혀놓고 한참이나 설득해 보려고 했다.

"의사나 판사만 사람을 살리는 게 아닙니다. 미술도 사람을 살릴 수 있습니다"

아들의 결정은 분명했고, 생각이나 꿈도 말릴 수 있는 상황이 아니었다. 남편도 더는 말리지 못했다. 그러나 막상 서울대학교를 가더라도 그 뒷바라지가 문제였다. 누구보다 남편이 극구 성화였다.

"서울까지 대학을 보내기에는 우리 형편이 …"

급기야 남편이 말끝을 흐리며 아들에게 물었다.

"돈은 모릅니다"

둘째 아들은 자기 목표에 대해 한 발도 물러나지 않았다. 남편은 고사하고 나도 당장 그 뒷바라지가 걱정되었다. 그러나 나는 아무리 경제력이 풍부해도 자신이 싫어하는 공부를 억지로 등 떠밀고 싶지 않았다. 그러나 정작 본인이 하겠다면 무슨 수를 써서라도 뒷바라지를 하겠다는 것이 자식 교육에 대한 나의 원칙이었다.

마침내 둘째 아들을 데리고 서울대학교 실기시험을 보러 갔다. 그런데 시험을 치르고 나온 아들이 시무룩한 표정이었다. 무언가 예감이 썩 좋지 않았다. 불안해서 물었다.

"왜? 어려웠어?"

"그림이 선명하지 않아서…"

"다른 애들은?"

"여학생 그림들은 선명하고 좋아 보이는데, 나만 희미하게 그렸어"

아들이 실망스러운 얼굴을 하며 한숨을 뿜었다. 아들의 어깨를 가만히 어루만지며 위로했다.

"설마? 그림을 물감으로 채점하겠냐?

사실 내가 해줄 수 있는 말이 없었다. 대신 할 수만 있다면 무슨 짓이라도 할 수 있겠다 싶었다. 진주로 돌아오는 길에 어둑어둑 앞장서 걷는 내 아들의 뒷모습에서 쓸쓸한 기운을 느꼈다. 마음이 너무 아프고 힘들었다.

그러나 둘째 아들은 당당하게 서울대학교 미술대학에 합격했다. 나와 남편은 너무 기쁘고 행복했다. 당시 금산면에서 서울대학교 입학은 최고의 영광이며, 가문의 자랑이었다. 하지만 당장 입학금과 등록금을 걱정해야 했다.

서울에 사는 합격동기생들은 가족과 함께 축하연을 하고, 우리 둘째 아들은 당장 입학금을 마련하겠다고 아르바이트 자리를 구해야 했다. 나중에 들었지만 합격동기생들이 축하연 자리에서 정말 학원도 안 다니고 어떻게 합격했냐며, 모두 놀랐다고 했다.

생각해보면 다섯 아들 모두에게 미안한 마음은 헤아릴 수가 없다. 그래도 자식들은 아직까지 부모원망 한 번 하지 않았다. 그렇다고 자기들이 고생했다는 말 한마디 하지 않았다. 한번은 둘째 아들이 등록금이 모자라서 금산으로 내려온 적이 있었다. 당시에는 빤한 살림 형편에 아무 대책이 서지 않았다. 그렇다고 가만히 있을 수도 없어서 남편이 이리저리 알아봐서 얼마간의 등록금을 빌려오기도 했다. 하지만 둘째 아들에게는 그것이 마지막 학비 지원이었다. 그 속상한 마음은 누구에게도 말하지 못했다. 부모로서 뼈를 깎고 머리카락을 잘라서라도 등록금은 마련해주고 싶었다.

그런데 부모로서 제대로 지원도 못 해주는데 주위에서는 모두 나와 남편을 무척 부러워했다. 서울대학교에 다니는 아들이 나와 남편의 훈장이었다. 그러면서도 남편과 나는 남모르게 괴롭고 힘들었다.

얼마 정도 돈이 모이면 서울에 올라가서 둘째 아들의 손에 슬그머니 쥐어주고 왔다. 그런데 어렵게 모은 돈이 그 자리에서 없어지는 것을 보고 더욱 더 안타까웠다. 미술대학공부는 그만큼 재료비가 많이 들기 때문이었다.

그런 날은 진주로 내려오는 버스에서 참 많이도 울었다. 그 무렵 아들의 목소리만 들어도 가슴을 마구 할퀴는 것만 같았다. 그만큼 다섯 아들은 사랑스럽고 미안하고 자랑스러웠다.

그런데 얼마 있다가 둘째 아들이 군대에 간다고 금산면에 내려와서 내게 당부했다. 자기 그림에 대한 이야기였다. 나중에 알았지만 자기 그림을 버리지 않고 모두 모아 두었던 것이다. 그 그림들은 부모님이 마련해준 돈이라고 소중하게 생각하고 자기 작품에 대한 애정이 남달랐다

"낙서 같아도 하나도 버리지 마세요"

"…."

아들은 유명한 사람이 되면 큰 자산이 된다고 버리지 말라며 당부했다. 그림들은 모두 16묶음이었다. 말이 묶음이지 엄청난 분량이었다. 나와 둘째 아들이 서울고속버스터미널까지 그림을 옮겨오는데도 엄청나게 힘들었다.

하지만 아들의 소중한 약속을 지키지 못했다. 너무도 아쉽고 슬픈 마

음이 들었다. 내 아들의 정신과 혼이 고스란히 담겨있는 소중한 그림을 끝까지 지켜내지 못한 것을 평생 후회하며 살고 있다. 결국 여기저기 이사를 다니면서 둘째 아들의 그림이 곰팡이가 피고 찢어지면서 훼손이 이만저만이 아니었다. 지금도 왜 그리 무지했던지 자책감이 크다.

아무튼 다섯아들 모두 마찬가지지만 둘째 아들은 남다른 사고와 가치관을 가졌다. 우선 자기가 목표를 세우고 있으면 그곳에 심취하고, 무슨 일이든 깊게 파고들었다. 그렇다고 힘들게 뒷바라지하는 부모에 대해 무관심하지는 않았다.

둘째 아들은 자기 가정을 이끌어가면서도 배우자와 아이들을 배려하고 사랑했지만 자신이 하고 싶은 일이 최우선이었다. 언젠가는 자기만의 창의적인 가치관으로 크게 성공할 것이라고 예감했었다.

낭만

생각해보면 진주의 금산면 덕정리에서 살 때가 가장 행복했다. 실직상태의 남편과 다섯 아들 모두가 초등학교에서 대학생까지 줄줄이 학교에 다니고 있었지만, 그 나름대로 낭만이 있었고, 기쁨이 있었으며, 행복이 있었다.

불타버린 집을 수리하고 살면서 어느 정도 사람이 사는 집 모양새도 갖춰졌다. 아이들이 마당에 와서 친구들과 뛰놀고, 남편은 퇴근을 하면 삽을 들고 꽃을 심고 나무를 가꿨다. 가을 들판은 그야말로 우리 가족에게 덤으로 안겨주는 아름다운 풍경화였다.

그날도 가을이 한창 무르익어가는 오후였다. 우리 집 앞을 지나가시던 이장님이 나를 불러 세웠다.

"집에 서울대학교 다니는 아들 있습니까?"

보건소에 일 보러 오신 이장님이 두리번거리며 내게 물었다.

“예, 우리 둘째 아들입니다”

그 무렵 누가 둘째 아들에 관해 물어보면 일단 어깨부터 으쓱했다. 그만큼 자랑스럽고 한없이 뿌듯했다. 물론 아들들은 모두 자랑스러운 건 마찬가지였다.

“아…, 그렇군요?”

이장님은 고개를 끄덕이면서도 부러워하는 눈빛으로 내게 말했다.

“아드님이 엄청 큰 잉어를 잡았어요”

“예?”

놀란 토끼처럼 화들짝 놀랐다.

“저 너머 용심 못에서 잡았다는데, 그놈의 잉어가 얼마나 크던지, 자루에 담아서 지금 질질 끌고 오더라구요”

“어떻게 우리 집 자식인지 알아보셨나 보네요?

나는 자랑스럽고 뿌듯함을 감추지 못하고 이장님에게 되물었다.

“못 보던 학생이라 물었지요. 어디 사는 누구냐고요”

“아…그렇군요?”

“저희 어머니가 보건소에 근무하시는 김자, 대자, 업자 쓰시는 분이라고, 대답하더군요…, 역시 서울대학교에 다니는 사람이라서 인지 똑똑해요. 똑똑해!”

이장님이 연신 고개를 끄덕이며 환하게 웃었다.

퇴근 하자마자 집으로 달려갔다. 그런데 놀랍게도 잉어는 무려 160cm

나 되는 대물이었다. 남편과 아이들은 먹을 갈고 그 잉어를 탁본했다. 그리고 이웃집과 모여서 소박한 식사를 나눴다.

그 무렵 장남은 군 입대를 앞두고 부산대학교를 휴학하고 있었다. 장남은 막내아들과 줄곧 바둑판을 가지고 놀았다. 막내아들이 유독 바둑을 즐겨하더니 제법 실력이 늘어났다. 바둑상대자인 장남이 군대에 입대하고 나서는 막내아들은 우리마을 이장님, 전주전문대학 김 교수님과 자주 바둑을 두었다. 나중에는 해태제과에서 바둑경시대회가 열렸는데 막내아들 혼자 서울까지 간 적이 있었다. 그런데 대회에서 반집 차이로 패하고 돌아왔다. 그날 밤 막내아들이 서럽게 우는 모습을 처음 보았다. 그래도 바둑대회에 나가는 막내 동생을 위해서 작은 형이 기꺼이 용돈을 털어주었다. 막내아들은 고속버스도 타고 휴게소에서 국수도 사 먹었는데, 서울대학교에 다니는 형에 대한 고맙고 미안한 마음에 더욱 서럽고 아팠던 모양이었다.

그 무렵 우리 집 살림은 넉넉하지 못했고, 부족했다. 돈을 더 많이 벌어들일 수 있는 방법을 모색하고 있었다. 사실 남편의 봉급과 박봉의 내 월급을 합산해도 다섯 아들 뒷바라지는 어림없었다. 그렇다고 내게 막상 다른 일거리가 주어진다 해도 맡을 수 있는 상황이 아니었다. 보건소 근무도 출장근무가 많아서 시간을 내기에는 턱없이 부족했다. 아침마다 아이들을 학교에 보내고 남편을 출근시켜 놓고 나면 정작 내 출근길은 기진맥진한 상태였다.

그때 한국 엄마로 살아가려면 철인이 되어야 가능하다는 것을 깨달았다. 그리고 내 어머니가 자식을 기르기 위해 얼마나 고생이 많았는지도 늦은 나이에 알게 되었다.

그래도 그곳에 살 때 나와 남편은 이웃으로부터 도움을 많이 받았다. 배추, 무, 고추 등 온갖 채소류를 보내주셔서 살림에 많은 도움이 되었다. 나는 그때 보건소 결핵 담당을 맡았는데 환자의 수발은 물론 가족계획 상담까지 이어져서 초과근무를 해야 하는 상황이었다. 그래서 시장을 가는데도 시간을 빼기가 어려운 실정이었다. 그걸 알고 있는 이웃분들이 많은 도움을 주셨다.

하지만 정작 아이들이 성장해가고 고향 남해를 떠나올 때 결심했던 10년의 세월은 훌쩍 지나버렸다. 언제든 금의환향할 거라고 약속한 날들에 대한 아쉬움은 자꾸만 커져갔다.

*

보건직 공무원으로 금산면 상의마을을 담당했다. 매월 일요일 아침이면 쉴 틈도 없었다. 아침 6시 30분부터 새마을청소를 나가야 했고, 세금, 통일벼 권장, 객토 사업 장려, 수해 현장의 비상 근무 등 보건직 업무가 아닌 면사무소 행정업무지원까지 해야 했다.

당시 국가에서는 농촌개발을 서두르고 있었고, 농촌 환경정비 사업이 정책적으로 진행되고 있었다. 면사무소 행정직 인원으로는 그 많은 정책사업을 진행할 수 없는 상황이었다. 그래도 불평하지 않았다. 어떤 문제와 갈등 앞에서는 정면 돌파했다. 두려움이나 망설임이 없었다.

한 번은 마을 주민에게 너무 친절하게 응대한다고 동료에게 핀잔을 받은 적도 있었다. 그 시대의 공무원들은 요즘 공무원들과는 판이하게 달랐다. 친절보다는 성과가 중요시되었다. 공무원은 국민에게 지시하고, 국민은 공무원이 지시하는 대로 따라주는 시대였다. 또한 그럴 수밖에 없는 것이 그 시대에는 무지한 사람들이 많이 살았다. 어떤 정책을 실현하려면 마을 이장을 앞세워 설득해야만 하는 시대였다. 그러고 보면 세상이 참 많이 변했고, 문명도 빠르게 진화했다.

1982년 12월, 경상남도 부녀사업 16개 항목에 대해 평가 준비를 해야 했다. 시간이 많이 남아 있지 않았다. 1주일 동안 이장과 새마을지도자가 미완성된 사업을 1주일에 완성해야 했다. 공무원들은 밤과 낮이 없었다.

시범 마을 우수상 표창을 받고 200만 원의 시상금을 받았다. 열심히 하는 자에게 돌아오는 성과물이었다. 상의마을에서 주는 감사패와 소박한 잔치도 열렸다. 부녀사업은 날로 발전했다. 신년도 기금 마련사업과 부녀회 사업의 성공사례 등으로 16개 면에서 내가 맡은 면이 두각을 나타낸 것이었다. 공직자로서 큰 기쁨이었으며, 보람이었고, 행복한 순간들이었다.

그러나 집안 살림은 경제적으로 어려웠다. 당시 사채는 2부 이자였다. 원금이 얼마 안 되는데 그 이자 때문에 빚은 늘어만 갔다. 그때마다 잔다르크를 떠올리며 잘도 이겨냈다.

*

그 무렵 진주시 건전가요 어머니 합창단이 창설되었다. 인원이 부족해서 일반직 여직원과 보건직 여직원은 합창단원 입단에 의무사항이었다. 하지만 연습을 해야 하는데 일반인으로 구성된 어머니 단원 출석률이 낮아서 많이 힘들었다. 단원들이 주부들이기 때문에 집안 살림도 해야 하고, 개인 생활에도 한계가 있어서 같은 시각에 한자리에 모인다는 것은 거의 불가능했다.

우리는 주로 점심시간과 퇴근 후 시간을 활용해서 연습에 몰두했다. 그만큼 어려운 여건에서도 연습을 강행했다. 결국 전국 건전가요 경연 대회에서 인기상을 받았고, 기쁨과 영광을 안고 돌아오는 길에 뉴-스카이라운지와 불국사를 다녀오기도 했다. 그 무렵 몸과 마음이 한참 힘들고 지쳐 있었는데 모처럼 삶의 재충전을 만끽했다.

불국사를 돌아보면서 문득 남해군 이동면을 떠나오던 날이 떠올랐다. 그때 이동면 주민들과 이웃들이 모두 한마디씩 했었는데 귓가에 생생하게 들려오는 듯했다.

"쓸 만한 사람은 다 떠나고…."

"객지에서 고생 많았지요?"

내 손을 끌어 잡고 눈시울을 붉히던 얼굴들이 주섬주섬 떠올랐다. 하지만 남해를 떠나온 것에 대해 후회해 본 적은 없었다. 그곳에서 그야말로 남부럽지 않게 살았지만 모두 내가 결정하고 내가 자처한 고생길이었다. 나 때문에 우리 가족이 힘들었고, 사랑하는 내 아이들을 힘들게 하지 않았나 싶어서 자책감도 들었다. 그러나 그 고생길이 나를 더 힘들게 괴롭히더라도 자신감이 있었다. 한국의 잔 다르크를 꿈꾸며 자신감은 늘 충만해 있었다.

남해를 떠나오면서 약속했던 10년 후의 금의환향은 말 그대로 멀어져만 갔다. 어느 날은 아들 오형제를 기르면서 가만히 손꼽아 보는데 새벽 밥상을 23년 동안 차렸다. 스스로 대견하기도 하고 용감하기도 하고 보람을 느끼던 시간들이었다.

도전

세월이 많이 흘렀어도 여전히 아침형 인간이다. 평생 아이들과 남편의 새벽밥상을 차려왔는데, 그 습성과 버릇은 나이가 들어도 고스란히 남아 있다. 아니, 오히려 젊은 날보다 나이가 들어갈수록 새벽에 깨어난다.

남해군 이동면에 있는 집을 처분한 것은 1980년 여름이었다. 그 집을 팔고도 여전히 빚은 남아 있었다. 그만큼 사채 이자가 무서웠다. 10년이 훨씬 넘어서야 다시 남해로의 귀향을 생각했다. 아이들도 어느 정도 성장했고, 고향에 대한 그리움이 날로 깊어가고 있던 참이었다.

"남해?"

남편은 대뜸 놀랐다.

"그래도 고향 가면, 이동면에 있는 집하고 논 팔면…."

말끝을 흐리며 남편을 빤히 바라보았다.

"그까짓 거…, 얼마나 된다고?"

"아이들도 컸으니까, 어떻게 되겠지요?"

매사 이런 식이었다. 무언가 남편보다 앞장서고 큰일도 일단 저질러 놓고 수습하는 스타일이었다. 남편보다 지나치게 적극적이었으며 스케일이 컸다. 반면 남편은 새로운 환경과 도전에는 한발 물러서는 성격이었다.

그때도 남해로 돌아가겠다는 내 의견에 대해 남편은 역시 말이 없었다. 적극적으로 좋다는 투도 아니고 그렇다고 강력히 반대를 하지도 않았다.

일단 남해 군청 내무과장 앞으로 문서를 보냈다. 즉 하례 요청이었다. 마침 남해 군청에는 외사촌 동생이 행정계 직원으로 근무하고 있었다. 아무래도 외사촌 동생까지 힘을 보태줬기 때문에 가능할 것이라고 예상하고 있었다.

남해읍사무소로 발령이 났다. 그곳은 공무원 조직의 별천지였다. 남해 군민의 적극적인 성품이 있어서 군청에서 지시만 내리면 잘도 따라주었다. 한 마디로 두 번 다시 반복할 것도 없이 단합하고 함께 하려는 군민 성향 때문이었다.

그러나 출근과 퇴근은 보통 일이 아니었다. 그때 내 계획에는 1~2년 근무를 해보고 다시 진주로 오던지, 남해로 가족이 모두 이사를 하던지 어느 한 쪽으로 결정하려던 참이었다.

남해읍사무소에 근무하면서 그곳 친구들과 많이 어울려 다녔다. 동료

여직원과 윗분들과도 잘 지냈다. 또 같은 보건직 공무원의 연장자로서 나름 실적도 많이 올렸다. 특히 주민 응대를 친절하게 잘해서 군수로부터 친절공무원 표창장도 받았다.

남해읍사무소에서 5년을 근무했다. 애초부터 1~2년을 생각했었는데 힘든 출, 퇴근을 잘도 버텨냈다. 그러나 새벽 4시에 일어나 밥을 하고 도시락 6개를 싸면서도 정작 내 몫은 챙겨 나올 겨를이 없었다.

그런 환경에서도 우리 가족은 몸도 마음도 건강했다. 아이들도 그 흔한 독감이나 병치레 한 번 하지 않았다. 오형제 모두 자기 관리와 공부에 충실했으며 다툼 한번 없이 우애를 쌓아가면서 성장했다. 남해읍까지 먼 거리를 5년 동안 출, 퇴근할 수 있었던 것은 모두 오 형제 아이들과 남편 덕분이었다. 비록 출근을 해서 맡은 업무는 힘들었지만 아들 오 형제와 나를 믿고 사는 남편이 있었기에 가능했다.

또한 집안 살림도 어느 정도 안정을 되찾아 갔다. 그런데 나는 또 다른 도전을 꿈꾸고 있었다. 천성이 도전과 열정이 남달랐다. 마침내 새로운 무언가를 하지 않으면 못 견디는 습성이 마음에서 발동한 것이다.

"대학?"

대학공부를 하겠다는 말에 남편이 깜짝 놀랐다.

"통신대학교라도 다닐래요"

"힘들지도 않아?"

이번에도 남편은 반대도 하지 않고, 그렇다고 크게 찬성도 하지 않았다. 그저 고개만 끄덕였다.

마침내 방송통신대학교 유아교육학과 1984학번으로 입학을 했다. 오래전부터 유아 교육에 관심이 많았다. 미래사회에서 반드시 필요한 공부라고 생각했다. 무엇보다도 사랑하는 손자와 손녀가 태어나면 이 또한 크게 활용될 것이라는 예감이 들었다.

생각이 여기까지 미치자 당장 마음이 부풀었다. 새로운 지식을 알아가는 그 자체만으로 행복했고, 그때마다 성취감이 컸다. 아이들도 적극 환영했다. 하지만 1인 3역은 그만큼 힘들었다. 집안 살림을 하면서 근무를 해야 하고, 공부를 해야 했다. 그 열정만큼은 누구보다 뒤지지 않았다.

장거리 출, 퇴근길에서 버스는 그대로 달리는 공부방이었다. 퇴근을 하고 모두가 잠자리에 들면 먼저 책을 펼쳐야 했고 방송을 들어야 했다. 몸은 지쳤지만 마음은 늘 열정으로 깨어있었다.

그 무렵 셋째아들이 대학입시를 앞두고 있었다. 셋째아들이 내게 물었다.

"부산대학교에 지원하려고요"

셋째아들까지 부산대학교에 진학하면 그 뒷바라지가 감당이 되지 않는 상황이었다. 셋째아들을 설득하며 달랬다.

"두 형님이 아직 졸업도 안 했는데…."

"난, 부산대학교 가야 하는데…."

셋째아들은 망설였다.

"엄마 좀, 봐주라. 경상대학교 가면 그 대신에 대학원은 꼭 보내줄게"

셋째아들에게 사정을 했다. 경상대학교에 다니면서 장학금 타면서 다니게 되면 그것이 곧 이 엄마를 돕는 길이라며 어르고 달래야 했다. 살림 형편이 빤해서 다른 방도가 없었다. 더구나 셋째아들은 우리 집 살림 형편을 잘 알고 있었다. 그 무렵 돈 심부름도 많이 했기 때문이다. 빌린 돈에 대한 이자를 갖다 주기도 하고, 빌려주기로 한 돈을 가져오기도 했다.

결국 셋째아들은 경상대학교에 진학을 했다. 그것이 곧 '이 엄마를 살리는 길' 이라는 말에 셋째아들은 자기 꿈을 포기하고 경상대학교에 입학을 한 것이다. 생각해보면 나도 셋째아들도 참 어렵고 힘든 결정이었다. 하지만 두 아들의 대학등록금 마련도 힘에 부치는 상황에서 셋째아들까지 그 뒷바라지를 하게 되면 도저히 감당할 자신이 없었다.

셋째아들은 워낙 속이 깊고 따뜻하고 배려심이 깊어서 나를 잘 이해하려고 노력했다. 하지만 셋째아들은 졸업을 하고 직장을 두 번이나 옮겨야 했다. 모두 나 때문이었지만 엄마가 고생하는 모습을 곁에서 지켜봐서 인지 워낙 배려심이 깊고 마음이 따뜻했다.

한 번은 넷째아들과 막내아들에게 학교를 휴학하고 아르바이트를 하라고 말한 적 있었다. 두 아들에게 학교를 쉬고 아르바이트를 하라고 말하면서도 속으로는 엉엉 울었다. 그만큼 빚으로 버티기에도 감당이 안 되는 형편이었다. 두 아들에게 그 말을 해 놓고 너무 후회가 되고 가슴이 찢어지는 것만 같았다.

그런데 며칠 뒤에 셋째아들이 300만 원이나 되는 큰돈을 내 앞에 내밀었다.

"뭔 돈이냐?"

"어머니, 동생들 휴학시키지 마세요"

가슴이 무너지고 찢어지는 것만 같았다. 나중에 알았지만 셋째아들이 친구가 근무하는 상호신용금고에서 돈을 빌려왔던 것이다. 그렇지 않아도 두 아들을 휴학시켜야 한다는 아픈 마음을 달래지 못하고 크게 상심하며 좌절하고 있던 참이었는데 다시 한번 이를 악물고 어떻게든 살길이 나올 것이라고 자위하며 두 아들을 휴학시키지 않고 버텨나갔다. 그만큼 아들 오형제의 사랑과 우애는 남다르게 뜨거웠고 가족애도 깊었다.

하지만 둘째 아들에 대한 미안한 마음은 여전히 마음에 남아 있다. 그때가 1981년 7월, 지방공무원 연수회에 참석해야 했다. 1주일간 부산의 공무원교육원에서 있었는데, 그때 하필 둘째 아들이 군대에 입대하는 날이었지만 배웅도 제대로 못 했다. 마음이 아팠다. 공무원교육원에서 시계를 보면서도 스스로를 원망하고 자책했다. 마치 죄인 같았고 세상에서 제일 부끄러운 엄마의 마음이었다. 연수회를 마치고 돌아오면서 훈련소에 있을 둘째 아들을 생각하면서 혼자 많이 울었다.

*

고현면 보건소에 근무할 때는 참 많은 친구들이 찾아왔다. 남해에 다녀가면서 친구들이 찾아와 짧지만 어린시절 이야기를 하면서 어렵고 힘든 마음을 추스르기도 했다. 한 번은 육군 장성으로 근무하고 있는 남자 친구가 커다란 수박을 몇 덩이 들고 내 사무실에 찾아왔다. 참 반갑기도 하고, 고맙기도 했지만 힘든 시기에 큰 위로가 되어주었다.

그 무렵 경상남도 소비 절약 우수 실천 사례 공모전에서 상을 받았다. 그 당시 정책적으로 과소비를 자제하여 국력을 키워야 하는 시기였다. 어느 정도 살기가 좋아지면서 과소비를 하지 말고 건전한 사회풍토를 만들자는 취지였다. 사례를 모은 책자에 실린 내 글은 '인내하며 아낀 보람'이라는 제목이었다.

직장에서도 우수공무원으로 불렸다. 근무성적도 좋았고, 열성이 넘쳤다. 하지만 나의 이러한 공적과 성과에도 불구하고 제대로 인정받을 수 없는 신분이었다. '가족계획, 모자보건, 결핵 관리, 환경위생' 분야에서 그 성과를 충분히 인정받았다. 그런데 12년을 근속해도 신규임용 공무원과 똑같이 말단 자리에 앉아 있었다. 그러한 불만감을 잊게 해준 것이 바로 가족의 힘이었다.

힘이 들 때마다 아들 오 형제와 남편을 떠올리며 살았다. 가정이야말로 힘겨운 삶의 버팀목이었고 종교였으며, 내 모든 꿈이었다. 나도 다른 어머니들처럼 학교에서 돌아오는 아이들을 기다리고 싶었다.

"어머니, 학교에 다녀왔습니다"

넷째아들과 막내아들이 가쁜 숨을 몰아쉬며 책가방을 던지는 모습을 보고 싶었다. 이따금 '내가 왜 직장을 다닌다고 아이들에게 마음고생을 시키고 있는가' 라는 생각도 많이 했다. 그래서 다른 어머니들보다 두 배 더 부지런을 떨어야 했고, 두 배 더 잘 먹이려고 노력했다.

'저 집에 엄마가 없어' 라는 말을 듣고 싶지 않았다. 엄마가 없어서 아이들과 집안이 엉망이라는 소리가 나오지 않게 하려고 밤잠을 설치고 새벽에 깨어나는 습관을 길렀다. 이웃 사람들도 이런 내 마음을 빤히 알고 있었다. 그래서 이웃과도 좋은 관계를 유지했고 나름대로 신뢰도 높았다.

한 번은 급하게 돈이 필요했다. 바로 넷째아들의 대학교 등록금을 마련해야 하는데 다른 방도가 없었다. 마침 남해농협중앙회를 찾아갔는데 보증인을 세우라는 것이었다. 당장 어떻게 해야 할지 막막했다. 그런데 불현듯 떠오른 사람이 최봉민 사장이었다. 어렵게 수소문을 해서 최봉민 사장에게 사정을 이야기했다.

"최 사장, 보증 좀 서주라"

워낙 다급한 상황이라서 다짜고짜 최 사장에게 명령조로 말했다. 그런데 최 사장은 이렇다 저렇다 말도 없이 대답했다.

"알았어요, 기다려요"

각박한 세상에서 최 사장은 선뜻 보증인으로 나서겠다며 단숨에 농협으로 달려왔다. 뿌듯했다. 먼 거리도 마다하지 않고 대출금 보증인으로 나서준 최봉민 친구가 그토록 고마웠다.

장남

장남은 1986년 11월 삼성 중공업 거제 조선소로 소급발령을 받았다. 기쁘고 행복했으며, 보람이 있었다. 물론 큰아들은 장남이라는 자기 위치에 대해 도리를 지켜야 한다며 동생들에게 참 잘했다.

항상 믿음직하고 든든하게 생각하고 있는 장남이 그 이듬해 1986년 4월 5일 식목일날 결혼을 했다. 여전히 생활은 넉넉하지 못해서 최대한 절약을 해보겠다고 마음고생을 많이 했다. 남편은 명색이 장남이 결혼하는데 뭘 아끼고 말고 할 게 있냐며 불만이 많았다. 결국 절약은 한계가 있었다. 결혼 비용은 들어갈 만큼 들어갔다.

장남 결혼식에 많은 축하객이 찾아왔다. 고향 친구들과 축하객들이 많아서 나의 학교 동기와 친구들이 따로 축하연을 열었다. 그때 둘째 아들과 셋째아들이 대학에 다니고 있었고, 넷째가 고등학교 3학년, 막내가 중학교 3학년이었다.

문제는 장남이 결혼하는데 셋집을 얻어 줄 수는 없었다. 그래서 남편과 나는 또 다른 모험을 시도했다. 이사를 계획한 것이다. 아무래도 1년을 더 절약해서 장남을 출가시키자고 결정했다.

그리고 우리 가족은 4번째 둥지를 옮겼다. 진주의 상봉서동 고향 후배의 집이었다. 그 집에는 소파와 커튼이 그대로 설치되어 있었다. 집 내부도 아담했고 햇살도 잘 들어오는 집이었다.

이사를 하고도 계속 직장을 다녔다. 대신 큰 며느리가 집안 살림을 맡았다. 장남은 자기가 맏이라고 책임을 다하려고 마음고생이 많았다. 항상 표현은 아끼지만 많이 힘들하는 기색이었다.

언젠가 한 번은 장남이 웃으면서 한마디 한 것이 떠올랐다.

"직장 다니는 아내와 결혼 안 할래"

부모는 밖으로 떠돌고 동생 4명을 거느리고 있어야 했으니, 그 책임도 고스란히 장남의 몫이었다. 부모로서 장남에게 너무 미안하고 아픈 마음은 결코 지울 수가 없었다. 장남은 책임감이 강했다. 자기는 동생이 많아서 아이를 적게 낳아야 한다며 며느리에게 농담처럼 말할 때도 마음이 아팠다.

그래도 믿고 기댈 수 있는 건 장남이었다. 남편도 표현은 아끼지만 사실 나와 같은 마음이었다. 그걸 빤히 알고 있는 장남으로서는 마음고생이 이만저만이 아니었을 것이다.

더구나 장남으로서 한창 공부하는 동생들의 뒷바라지까지 생각하면 그야말로 앞이 캄캄한 상황이었다. 장남이 신혼생활을 시작하면서 마침 셋째아들이 군에 입대하게 되었다. 당장 교육비 때문에 빚을 얻어야 하는 걱정은 하지 않아도 된다고 생각했다.

하지만 셋째아들이 단기사병으로 근무하게 되어서 오히려 새로운 부담이 되었다. 집에서 출, 퇴근을 해야 하기 때문에 용돈과 잡비가 생활비에 추가된 것이다. 그때 장남은 봉급을 타면 나에게 먼저 맡기려고 했다. 유독 책임감이 강한 장남의 성품을 빤히 알고 차마 그 돈을 받을 수가 없었다. 고생하면서 벌어온 돈을 마음이 아파서 도저히 받을 수 없었다.

식구가 늘어나면서 생활비는 배로 늘어났다. 무엇보다도 며느리에게 약속한 1년 시집살이를 6개월로 단축을 했다. 며느리에게도 많이 미안했고, 장거리 출 · 퇴근도 면목이 없었다. 그런데 며느리도 이해심이 깊어서 불평 없이 내 뜻을 선뜻 받아주었다.

마침내 진해에 장남의 전셋집을 구했다. 창원까지 출, 퇴근하려면 상당한 거리였는데, 진해가 집세가 저렴해서 어쩔 수 없는 선택이었다. 장남도 며느리도 불평하지 않고 순순히 받아들이는 눈치였다.

하지만 이런 일들도 남편과 머리를 맞대고 의논하지 못했다. 남편은 어떤 문제가 있으면 손을 놓고 먼 산을 바라보는 사람이었다. 그때마다 외롭고 힘들었다. 어떤 문제를 두고 상의를 하려면 남편은 수박을 자르듯이 싹둑 자르면서 한마디 할 뿐이었다.

"그냥 사정이 흘러가는 대로 살지, 뭘 또?"

"그래도 방법을 찾아봅시다"

"…알아서 해"

남편은 매사에 알아서 하라는 식이었다. 그때마다 마음고생은 나 혼자 독차지했다. 장남에게 전세보증금 250만 원을 만들어 주었다. 그리고 매월 20만 원을 집으로 보내 달라고 했다. 전세보증금까지 빚으로 떠안게 되어서 부담은 배가 되었지만, 그래도 큰아들이 행복하게 사는 모습을 보는 것이 최우선이었다.

마침내 장남이 진해로 이사를 하는 날이었다. 눈물이 차올라서 종일 울먹였다. 너무 슬펐다. 아무도 모르게 눈물을 쏟았다. 장남의 이삿짐이 차에 실리고 텅 빈 장남의 방에서 문을 잠그고 울었다. 남편이 너무 밉고 야속해서 혼자 울 때가 많았지만 장남이 비워놓은 빈방은 더욱 슬프고 눈물이 나왔다. 성격과 생각이 다른 남편과의 갈등에 비하면 아무것도 아니었다.

목에서 터져 나오는 울음을 애써 눌러 참으며 온몸으로 울고 있는데, 며느리가 방문을 두드렸다.

"어머님! 문 열어주세요"

울고 있는 내 어깨를 어루만지며 며느리가 말했다.

"많이 서운하시죠?"

차마 입이 열리지 않았다. 장남을 멀리 떠나보내는 마음이었다.

"저희가 자주 올게요"

그래도 며느리가 나를 다독여주면서 위로했다.

"잘할게요. 어머님!"

"그래, 고맙구나"

장남의 이삿짐을 따라 진해에 갔다. 다녀오는 길에도 눈물은 그칠 줄 몰랐다. 그리고 지난 시간이 뇌리에 떠올랐다. 그리고 장남에게 잘 해주지 못한 게 너무 많았다는 생각이 들었다. 공부한다고 객지에서 고생도 많이 했는데, 내 곁에 있을 때 좀 더 잘해주지 못했던 게 마음에 걸렸다.

그날 저녁 장남에게서 전화가 왔다. 좀 더 잘해주지 못해 미안해서 눈물이 난다고 말했더니 장남도 며느리도 나를 위로하며 잘하겠다고 몇 번이나 다짐을 했다. 사실 장남 내외도 한 집에 살면서 많이 힘들어 했다. 그래도 싫은 표현은 한 번도 하지 않았다. 장남이 떠난 집안은 쓸쓸했고, 마음은 빈 하늘처럼 공허했다. 내게 무언가 새로운 변화가 필요했다.

그래도 그 무렵 모처럼 남편이 많이 도와주었다. 아들 오 형제와 며느리까지 내가 하겠다는 일에 격려와 응원을 보내주었다. 생각해보면 그 때 우리 가족이 한마음이라는 걸 새삼 깨달았다. 내가 교육을 받으러 다니면서 정신이 없었는데, 한 번은 예전에 보건소에서 함께 근무하던 여직원이 전화를 걸어왔다.

"언니야! 방금 종훈 이가 텔레비전에 나왔다."

어안이 벙벙했다.

"무슨 소리야?"

서울 "MBC 방송국 디자인부에 정종훈이가 나오더라. 합격했다고!"

나중에 알았지만 둘째 아들 종훈이가 MBC 공채모집 필기시험에서 응시를 했던 것이다. 그러니까 종훈이는 1987년 11월, 서울대학교 졸업을 앞두고 MBC 방송국 공채모집 필기시험에 합격했다.

세상을 송두리째 독차지하는 기쁨과 행복감에 눈물이 나왔다. 그칠 줄 모르고 쏟아져 나오는 눈물을 애써 눌러 참으며 둘째 아들에게 전화를 걸었다.

"어머니, 아직 사장님 면접이 남았어요"

"그래…, 고맙구나"

"면접 경쟁률이 이백 대 일이랍니다"

"잘 될 거야. 너를 믿는다"

하지만 한동안 둘째 아들을 원망하기도 했다. 직장을 다녀야 집안 살림이 나아지는데 그림만 좋아해서 나 혼자 마음고생을 많이 했었다. 그림을 그려서 쌀을 살 수 있고 생활을 할 수 있을 것인지를 생각하면 앞이 캄캄했다. 둘째 아들에 대한 그런 걱정은 이웃들의 관심사이기도 했다.

'그림을 그려서 어쩌려고?'

'좋은 대학 나와서 아깝네, 정말!'

지인들이 한마디씩 할 때마다 마음이 아팠다. 그렇다고 자식이 즐겨하고 좋아하는 일을 그만두게 하고 싶지는 않았다. 그저 마음속으로 생각이 많았다. 그러한 내 마음을 알고나 있는지, 둘째 아들은 통 말이 없었다. 그런 둘째 아들이 200대 1의 경쟁률을 뚫고 서울 MBC 방송국에 합격했다는 소식이 날아왔다. 합격의 영광은 곧 우리 가족의 희망이었으며 열망이었고 미래였다.

1987년 5월 31일 둘째 아들이 약혼식을 하고 그해 11월 6일 결혼식을 했다. 내외는 결혼예물에 다이야 반지 운운했다. 사실 그때는 좀 섭섭한 마음이 들었다.

"아이고, 우리가 갑부라도 되는 줄 아시나 보다"

물론 그런 오해는 해프닝으로 풀리고 말았지만, 그때 좀 놀랐다. 결혼식은 함양에서 했고 잠실의 아파트에 신혼살림을 꾸렸다. 그때 당시 며느리는 중앙대학교 부속병원에 근무하고 있었고 둘째 아들은 MBC 문화방송국 미술 영상부에서 근무하고 있었다. 아무튼 둘째 내외는 그야말로 탄탄대로였다.

두 아들 결혼을 시키고 나서 몸도 마음도 지쳐가고 있었다. 아직도 아들 셋이나 남았는데, 여기서 지치면 아무것도 안 된다고 굳게 마음 먹었다. 당시는 공무원신분이라서 학자금 지원을 받았는데, 공무원 복무규정에 자녀 3명 이상은 학자금 지원을 받을 수 없었다.

항상 아이들이 학교에서 돌아오는 모습을 꿈꿨다. 그것이 온전한 어머니상이라고 생각했다. 그래서 아이들이 학교에서 돌아와, '어머니 학교에서 다녀왔습니다' 라는 말을 꼭 듣고 싶어 했고, 들어야만 했다. 그것이 오 형제 어머니로서 가장 큰 바람이었다.

그 무렵 오죽했으면 공무원을 그만두고 자영업을 해야겠다는 생각까지 했을까 싶다. 하지만 당장 쌓여만 가는 빚과 남편과의 생각이 달라서 아무것도 실행에 옮기지 못했다. 모든 일에 남편과 생각이 달랐다. 정면 충돌을 해서라도 목적을 달성하려는 의지가 남달랐다. 남편은 모든 일에 심사숙고하고, 내가 하는 일을 잠자코 지켜보다가 중도에 그만하라는 식이었다.

퇴직

1987년 1월 30일 큰 손녀딸이 태어났다. 자식 중에 딸이 없어서 인지 내가 딸을 얻은 것 같은 마음이었다. 많이 기뻤고 행복한 시간이었다. 온 가족이 20년 만에 새로 태어나는 예쁜 손녀딸 탄생을 축하했다.

손녀딸이 자라는 모습을 지켜보면서 방송통신대학교 유아교육학과에서 공부하기를 참 잘했다는 생각이 들었다. 그리고 또 다른 꿈과 목표를 세웠다. 여기까지 오면서 아이들 문제에 많이 부딪히고 갈등했다. 무료 봉사는 아니더라도 직업을 가진 여성의 육아 문제와 어려움, 맞벌이 부부가 늘어나고 핵가족화가 되어가는 시대의 육아 양육과 질 높은 교육사업에 눈을 뜬 것이다.

특히 어린아이를 좋아하는 나에게 이 사업은 큰 관심사였다. 손자와 손녀들을 위해서라도 이 사업은 꼭 해야겠다고 결심했다. 보건소에서 보건직으로 근무하는 일보다 훨씬 보람도 있고 즐거운 일이 될 것이라고 믿었다.

뜻이 있는 곳에 길이 있다는 속담이 있다. 마침 국가의 관보에서 아동 육아 교육을 여성사회연구회에서 추진한다는 내용을 보았다. 그런데 날짜가 많이 남아 있지 않았다. 빨리 서둘러야 해서 며칠 고민과 갈등을 했다.

하지만 당장 보건소를 그만두면 말단자리에 앉지 않아도 되었다. 그 말단자리는 나이와 경력이 쌓일수록 자존심을 상하게 하는 자리였다. 무엇보다도 아이들과 남편이 현관을 열고 들어오면서 '어머니, 다녀왔습니다', '여보, 나왔어요' 라는 목소리를 들을 수 있게 된다는 것이다.

며칠 고민을 한 끝에 면장님과 면담을 했다. 면장님 책상에 사직서를 내밀었다. 면장님이 벌떡 일어나시며 놀라셨다.

"아니? 갑자기 무슨 일입니까?"

"그만두려고 합니다"

면장님이 자리에서 일어나 소파에 앉으라고 손짓하셨다. 그리고 마주 앉으시더니 되물었다.

"그 사정이나 한번 들어 봅시다"

"어린이집 원장을 꿈꾸고 있었습니다"

"어린이집…요?"

면장님이 좀 당황하는가 싶더니, 잠시 뜸을 들이다가 말했다.

"그럼, 이렇게 합시다. 일주일 동안 생각을 더 해보세요. 일단 사표수리는 보류하겠습니다"

면장실을 나오면서도 더 이상 주저하거나 망설임이 없었다. 한 번 목표를 정하면 끝까지 최선을 다해 밀어붙이는 의지가 강했던 것이다. 며칠 생각을 해보았지만 여전히 계획한 어린이집에 대한 생각은 달라지지 않았다.

그리고 1987년 2월 28일 남해군 고현면 보건소를 마지막으로 공직을 마감했다. 14년 동안 함께 근무하던 동료들과 직장을 떠나오면서 사실 마음이 떨리고 불안감이 들기는 했지만 새로운 도전이 기다리고 있다는 설렘이 더 컸다.

내 마음을 더욱 강렬하게 흔드는 건 따로 있었다. 보건직 공무원이라도 별정직 직급이기 때문에 진급에 한계가 있고, 봉급도 인상되지 않았던 것이다. 하지만 무엇보다 내 인생에서 있어서 더욱 소중한 것을 찾으려면 어쩔 수 없는 선택이었다.

퇴직하면서 먼저 공무원대출금을 정산했다. 퇴직금으로 학자금대출금과 생활 안정 자금을 모두 정리했다. 14년 고생한 대가로 받은 퇴직금으로 빚 청산을 한 것이다. 빚을 정리하니까 내 손에 남은 건 퇴직 급여수당으로 나온 200만 원이 전부였다.

그때 큰 아들과 MBC 방송국에서 근무하는 둘째 아들이 매월 20만 원을 집으로 보내주었다. 하지만 힘들게 벌어들인 아이들의 월급에 손을 대고 싶지 않았다. 예금통장을 보면 마음이 아팠다. 그러나 집안 살림을 꾸려가려면 다른 도리가 없었다.

그 무렵 내 친구에게 일천만 원을 차용한 상태였고 또 친정집에 사는 순경 집에서 일천만 원에 매월 40만 원의 이자를 지불해야 했다. 그러니까 매월 지급하는 이자가 우리 가족의 생활비보다 많았다. 이자를 제날짜에 보내지 않으면 독촉이 왔다.

그는 현장 육아 실습을 하고 있었다. 이를테면 오전에 교육을 받고 오후에는 육아 아르바이트를 했다.

그날도 이동 육아 아르바이틀 갔는데 그 집에서 좀 황당한 광경을 목격했다. 거실에 있는 전화 수화기가 통화 중으로 비틀어 놓여 있어서 내가 바로 놓으려고 했다.

"아! 그냥 놔두세요"

"예? 전화기가 계속 통화 중인데요?"

나중에 알았는데 일부러 전화기를 통화 중으로 방치하고 있다는 것이었다. 자신의 시댁에서 전화 오면 곤란하다며 전화기에 손을 대지 말라는 것이었다. 황당해서 말을 잃었다. 나도 며느리가 있는 사람으로서 좀 괘씸하다는 생각이 들었다. 그런 마음으로 아이에게 가정교육이 잘 될까 우려가 되었다.

내가 서울에서 교육을 받는 동안 남편이 집안 살림을 맡아야 했다. 두 아들을 데리고 밥 해 먹고 도시락까지 싸면서 고생을 많이 했다. 물론 1주일에 한 번씩 진주에 내려가서 밑반찬을 해놓았지만, 우리 가족이 워낙 국을 좋아해서 그게 큰 문제였다.

내가 3주 교육을 받는 동안 살이 빠지고 엉덩이가 아파서 앉아 있기조차 힘들어 버스 뒷자리 근처에 서 있곤 했다. 서울과 진주를 오가면서 몸은 많이 쇠약해졌고 여기저기 아픈 데가 많이 생겼다. 그래도 잘 살아야 보겠다고 이를 악물었다. 나의 열정은 말 그대로 악돌이였다.

1987년 7월, 여성사회연구회에서 제4기 이동육아교육과정을 마치고 우리 집 현관에 현수막을 걸었다. 23평 남짓한 우리 집이 그대로 아이들의 방이었다. 마침 경상대학교 교수님 세 분이 아이를 맡겨주셨다. 그 시절만 해도 탁아원으로 인식하고 있던 어린이집이었는데 교수님들은 사고와 가치관이 달랐다. 손수 아이를 데려오고 데리고 갔다. 더구나 수탁 비용도 제법 많이 주셨다.

좋아하는 어린아이들과 함께 있다는 것이 우선 보람이 있었고 재미있었다. 아이들도 나를 무척 따랐다. 토요일에는 교수님 가족과 함께 식사도 하고 또 교수님 댁에 초대를 받아서 좋은 음식도 먹었다.

지금도 그때 내가 돌보던 아이들의 얼굴이 새록새록 떠오른다. 언젠가 한 번은 아이들이 궁금해서 교수님 댁에 전화한 적이 있다.

"민영이 잘 있어요?"

"예, 그렇지 않아도 아이들이 한번 보고 싶다고 해요"

"민영이가 올해 몇 살이죠?"

"대학교에 다녀요"

그때 돌보던 아이가 대학생이 되었다는 소식을 들으며 보람도 있고 행복했다. 그 무렵 막 교육을 마치고 설레는 마음으로 시작했던 어린이집이라서 지금도 많이 보고 싶고 그립다. 하지만 어린이집을 할 때 남편은 늘 불만이 많았다. 퇴근해서 돌아오면 노골적으로 싫어하는 표정을 내게 던졌다. 그렇다고 남편과 다툼을 하거나 실랑이를 피하려고 노력했다. 그냥 순순히 포기를 하는 것이 옳다고 생각했다. 결국 아이들을 데리고 공단이 어린이집 시간제 탁아 선생님으로 취업을 했다.

3부

소통과 화목

최 교수님

1988년 2월 8일 큰며느리가 둘째 손녀딸을 낳았다. 며느리는 진주의 권해영 산부인과에서 정상 분만을 했다. 예쁜 손녀가 생길 때마다 딸을 얻는 행복을 느꼈다. 사람들에게 딸을 둘이나 얻었다고 기뻐하며 자랑했다. 또 두 손녀가 예쁘게 잘 자라 주었다.

그 무렵도 우리 집 살림은 별로 나아지지 못했다. 여전히 빚이 남아 있어서 무언가를 해야 하는 형편이었다. 막상 또 돈이 필요했다. 은행에서 대출을 받으려면 보증인을 세우라고 했다. 그때 맨 먼저 큰아들이 떠올랐다. 하지만 큰아들에게 보증을 서 달라고 하기에는 너무 미안했다.

부끄러운 마음으로 최 완선 해부생리학과 교수를 찾아갔다. 그 교수의 아들 최민영이는 우리 집에서 돌보는 원아였다.

"생명보험에서 천만 원을 대출받으려고요"

"그럽시다"

최교 수님은 묻지도 않으시고 선뜻 보증을 서 주셨다. 그 최 교수님은 사모님과 함께 둘째 아들 결혼식에도 참석해주셨다. 평소에도 고맙고 은인으로 생각하고 있었다. 그런데 얼마 있다가 최 교수님이 미국에 있는 대학교에 교환교수로 떠나신다고 연락이 왔다. 생명보험회사에 대출 받은 천만 원에 대해 따로 언급하실 줄 알았다. 그런데 걱정은 한 마디 하지 않으시고 떠나셨다.

내게 고마움을 안겨주신 분들은 자꾸만 멀리 떠나거나 이사를 했다. 좋은 분들이 주변에 많았는데 한 분씩 떠나실 때마다 마음이 아프고 며칠 마음고생을 해야만 했다.

*

5년 후 1993년 가을이었다. 진주의 어느 지하상가에서 우연하게 최완성 교수를 만났다. 교수님은 몇 년 사이에 흰머리가 많이 보였다. 언젠가 한 번 만나게 되면 꼭 그 말씀을 드리고 싶었는데 기다리고 있었다는 듯 다짜고짜

"교수님, 그때 보증 서주신 대출금요"

"아, 예?"

최 교수님이 좀 놀라는 눈치였다.

"연체 한번 안 하고 다 갚았습니다"

“나 참? 여기서 이러지 말고 자판기 커피라도 같이 합시다?”

최 교수님이 커피 자판기를 가리키며 말씀하셨다. 나와 최 교수님은 커피자판기 앞에서 나란히 종이컵을 들고 서로의 안부를 물었다.

참, 교수님 사모님은요?”

“예, 건강합니다”

최 교수 사모님은 온화하고 점잖으신 분이셨다. 그때 사모님은 경상대학 병원 조리실 실장으로 근무하고 계셨다. 하지만 현재 사모님 직장이 어디냐고 묻기에는 아무래도 실례가 될 것 같아서 묻지 않았다.

그 뒤로 시간이 많이 흘렀다. 가족을 따라 서울로 이사를 왔는데 최 교수님과 몇 차례 통화하며 안부를 주고받았다. 최 교수님이 우리 아들 오형제에 대해 많이 궁금해 하셨다. 나는 막내아들이 결혼했는데 변리사가 되고, 며느리가 사법고시에 합격했다고 자랑하자 최교수는 아들 민영이가 서울대학에 낙방하고 재수하고 있다고 말했다.

부부

1988년 봄 남편이 근무하는 대동공업사가 대구 달성으로 옮겼다. 남편도 회사를 따라가야 했다. 결국 대동공업사가 남편과 나를 주말부부로 만들었다. 그 시절 부부가 무엇인지에 대해 많은 것을 깨달았다. 가까이 있을 때 느끼지 못했고 가까이 있을 때 모르고 지나쳤던 감정들이 생경하게 느껴지곤 했다.

내게는 유독 무뚝뚝하게 대하던 남편이었지만, 그 속마음으로는 한 없이 여리고 따뜻한 마음이 있었다. 내 생일날 동생을 시켜서 마음에 드는 옷을 한 벌 사 온 적이 있었다. 그때 남편의 진심을 받아주지 못한 것을 시간이 지나면서 많이 후회했다.

이따금 남편은 내게 전화를 했다. 그리고 불쑥 말하곤 했다.

"밖으로 나오게, 저녁 먹세"

“칫! 저녁은 무슨?”

남편은 길을 가다가 내가 좋아하는 음식점을 발견하면 바로 나오라고 채근을 하곤 했다. 하지만 그런 남편의 애틋한 마음을 제대로 받아주지 못했다. 등산을 갈 때는 늘 남편이 나를 앞장세웠다. 그렇게 평생 내 등 뒤에서 그림자처럼 후원해 준 사람이 바로 남편이었다.

나이가 들면서 한층 부드러워진 남편이 1990년 겨울 대동공업사에서 정년퇴직을 했다. 그때가 결혼 후 남편과의 사이가 가장 좋았던 때였다. 남편의 퇴직금은 500만 원이었다. 남편은 퇴직금이 들어있는 봉투를 내 앞에 꺼내 놓고 한참을 망설였다.

“이걸로 자전거 수리점이나 해볼까?”

남편이 내게 넌지시 물었다.

“요즘 누가 자전거 고쳐 타나요?”

“그래, 어차피 내 가게도 없이 뭘 한다는 건 좀 그렇지? 가게 세 주고 나면…,”

한참을 고민하다가 남편이 500만 원을 내 손에 쥐여주면서 말했다.

“이걸로 어린이집이나 한번 해보게!”

“정말요?”

기뻤다. 내가 하는 일에 반대만 하던 남편이 나의 적극적인 후원자가 되어주었던 것이다. 마침 그 무렵에 넷째 아들이 대학에 다니고 있어서 당장 벌이를 해야만 했는데 다른 길이 보이지 않아서 막막하기만 한 시기였다.

그때 합창단에 같이 다니던 친구와 함께 차를 타고 가는데 친구가 어린이집으로 좋은 자리가 나왔다고 말했다. 현재 아카데미 미술학원을 운영하는데 어린이가 6명뿐이라서 문을 닫아야 한다고 친구가 말했다. 차를 세우고 미술학원을 들어가 보았다. 미술학원은 칠암동 현대아파트 상가에 있었다. 건평이 90평인데 전세 500만원에 월세 45만원이라고 했다. 얼른 보아도 괜찮은 가격이었다. 계약기간을 2년으로 하고 공단 어린이집에서 칠암동 현대아파트 상가로 옮겼다.

관인 제1호 엄마손 어린이집

1990년 그해 봄, 진주시 어린이집 관인 제1호로 '엄마 손 어린이집'을 개원했다. 어린이집 개원을 하면서 둘째며느리와 의논을 많이 했다. 둘째며느리가 아무래도 영특한 면이 있었고, 나와 상의하는데 눈높이가 맞았다.

마치 그 자리가 학원을 운영하던 자리였고, 또 유치원경력이 있는 선생님과 힘을 모아서 운영하다 보니까 큰 어려움이 없이 45명이나 되는 원생이 모였다. 당시 진주에서 제법 큰 규모였고, 무엇보다 관인 제1호 개관 어린이집이라서 사람들의 관심도 높았다. 예감했던 대로 어린이집은 대성황을 이루었다. 수입은 많았지만 지출도 만만하지 않았다. 함께 일하는 선생님들 월급을 주고, 차량 운행 비용과 건물 임대료를 주고 정산을 해도 우리 가족 먹고 살만큼의 수입은 되었다.

하지만 넷째아들이 대학교에 다니고 있었고, 막내아들은 고등학교에 다니는데 그 뒷바라지를 하는 데는 턱없이 모자라는 수입이었다. 더구나 수천 만원이나 되는 빚 감당을 해야 하는 상황이었다. 그 빚에 대한 이자만해도 한 달에 몇십 만원은 족히 되었다.

하지만 우리 가족이나 다른 사람들은 어린이집에 원생이 많아서 겉으로 보면 큰돈을 벌어들이는 걸로 알았다. 사실 그 속사정을 알아주는 사람은 아무도 없었다. 남편도 모르고 아이들도 그 속 내용을 몰랐다.

남편과 가진 것 없이 35년 동안 봉급생활을 했지만 사실 아들 오 형제 뒷바라지하는 데는 턱없이 모자라는 살림이었다. 결국 나는 35년 동안을 빚으로 살아온 것이다. 하지만 빚더미에 묻혀 살아왔지만 참 즐겁고 행복한 빚이었다. 따지고 보면 그 빚으로 아들 오 형제가 공부를 했고 결혼을 했으며, 좋은 가정을 이루며 사는 것이다.

살아오면서 남편과 생각과 가치관이 달랐다. 남편은 항상 현실에 맞춰 살자고 내 발목을 잡으려 들었다. 또한 내가 아이들 공부시킨다는 핑계로 극성이라며 남편은 늘 핀잔을 주기도 했다. 그런 날은 나는 괴롭고 외롭고, 힘들어서 혼자 많이 울었다. 물론 남편 입장에서는 내가 고생하는 모습이 너무 언짢고 미안하고, 속이 상해서 한 말이라는 것도 알고 있었다.

남편이 퇴직하고 나서 모든 책임은 내 몫이라고 생각하며 살았다. 어린이집을 하면서도 빚은 좀처럼 줄지 않았다. 결국 1년 후에 상봉서동의 집을 팔아야 했다. 어느 정도 빚을 청산해야 하는 시점이었다. 그 집을 팔 때도 어린이집을 운영하면 생계는 해결된다는 막연한 생각을 했던 것이다. 그런데 막상 집을 팔았는데, 그 집값이 올라버린 것이다. 그만큼 부동산에 대한 사전 정보가 없었다.

상봉서동 집을 팔고 진주 이현동 대아고등학교 근처의 공동묘지를 지나는 쪽에 독채를 얻었다. 막내아들이 학교 다니기 좋은 위치였다. 그런데 어린이집 건물 주인이 임대료를 올려달라고 했다. 원래 임대조건이 월 45만 원이었는데, 어린이 원생의 머릿수를 헤아려가며 100만 원으로 인상을 하자는 것이었다. 참 이상한 공식이었다.

그날도 건물 주인이 어린이집에 신발을 신은 채 들어와서 떠들었다. 아이들이 보는 앞에서 무안했다. 불쾌한 마음을 애써 감추며 건물 주인을 설득하려고 했다.

“아직 2년 계약 기간이 끝나지도 않았는데요?”

“집세를 올려 주던지, 당장 나가던지!”

급기야 건물 주인은 행패를 부리기 시작했다. 참 황당하기도 하고 가슴이 너무 아팠다. 어린이집이 어느 정도 자리를 잡아가는가 싶었는데 이번에는 함께 일하는 선생님 한 분이 나를 상심에 빠뜨렸다. 유치원을 따로 해보겠다고 해서 아이들을 유치원으로 보냈는데 감감소식이 없었다. 결국 내가 운영하고 있는 어린이집 아이들만 데려가고 회비도 보내주지 않으면서 온갖 행패를 부리는 것이었다.

사람을 한 번에 신뢰하고 끝까지 믿는 습성이 있다. 사람을 믿은 게 큰 화근이었다. 나중에는 그 선생님이 어린이집에 와서 장판을 가져가겠다고 찾아왔다. 배신감과 괘씸하다는 생각이 들어서 당장 밀린 돈부터 해결하고 가져가라고 야단을 쳤다.

*

1992년 6월 어린이집을 다시 수정동 우체국 건물의 2층으로 이사를 했다. 이사를 하는 날 우리 가족 모두 나를 도왔다. 건평은 45평이었지만 살림 도구를 놓을 자리가 거의 없었다.

그래도 어떻게 해서든 돈을 벌어야 한다는 생각뿐이었다. 그때 셋째 아들이 시간을 내서 어린이집 전용차를 운행해 주었다. 그런데도 아들이라는 구실로 월급도 제대로 주지 못했다. 괜히 험한 심부름만 시키고 고생만 시켰다는 생각이 들어서 한동안 마음에 걸렸다.

사실 그때 셋째 아들은 내 전용 운전기사나 마찬가지였다. 멀리 남해에 있는 친구를 만나러 갈 때도 있었고, 잔심부름까지 셋째 아들에게 모두 미뤘던 것이다.

집안 살림은 여전히 어려웠다. 빚은 쌓여가고 원금은커녕 이자를 마련하기에 급급했다. 한 달은 금방 찾아왔다. 며칠 지나면 또 다른 곳에서 이자독촉이 왔다. 하루하루가 숨통을 조이는 날이었다.

*

1990년 막내아들이 고등학교를 졸업하고 서울대학교에 응시했으나 낙

방했다. 막내아들의 속마음은 재수를 해서라도 서울대학교가 목표였다. 그러나 집안 살림형편을 알고 있어서 인지 그냥 경상대학교 진학을 결심했다.

그 무렵 둘째아들의 첫아들이 탄생했다. 참 기쁘고 행복했으며 뿌듯했다. 하지만 둘째 아들은 부부가 직장을 다녀야 해서 손자를 봐 줄 사람이 필요했다. 내 피붙이인데 남의 손에 맡긴다는 건 내가 허락되지 않았다. 손자를 집으로 데려와 봐주기로 했다.

그런데 어린이집을 운영해야 하는 상황에서 하루 종일 손자를 끌어 안고 있을 수가 없었다. 우유병을 소독하고 기저귀는 내가 세탁하고, 먹이고 잠재우는 일은 남편이 보살피기로 했다. 남편도 집에서 손자를 보면서 아주 즐거워했다. 저녁에 어린이집에서 퇴근하면 다시 손자를 보살피는 일은 내 몫이었다.

그런데 참 이상했다. 아들 오 형제를 낳아 기르면서 울고 보채면 짜증도 내고 이따금 화풀이도 했는데, 손자는 그런 느낌이 판이하게 달랐다. 아무리 울고 보채도 예쁘고 사랑스러운 것이었다. 둘째 아들 내외도 참 좋아하는 눈치였다.

주말이면 둘째 아들 내외가 서울에서 진주에 다녀갔다. 그때 진주에 다녀가면서 막내아들에 대해 의논을 많이 한 모양이었다. 한 번은 두 내외가 아버지 앞에 무릎을 꿇고 앉더니 진지하게 말을 하는 것이었다.

"아버님, 막내는 저희가 서울로 데려가서 재수 시키겠습니다"

"재수?"

남편이 놀랐다.

"요즘 재수는 기본이고, 삼수는 필수예요"

며느리가 옆에서 거들었다.

"자기가 하려고 해야지"

남편도 막내아들의 뒷바라지를 할 수 있는 경제력이 없어서 딱히 거절도 못하는 눈치였다.

"대성학원 보내서 꼭 서울대학교 합격시키겠습니다"

단호하게 말했다. 남편은 한참을 생각에 잠겼다. 그리고 말했다.

"뭐해? 술상이나 가져와!"

결국 막내아들이 재수를 하게 되었다. 그날 저녁 둘째 아들 내외가 고맙고 미안한 마음이 들어서 혼자 울었다.

아들 내외는 서울대학교 출신답게 세상을 보는 감각이 빠르고 영특했다. 서울대학교를 나와야 취직도 잘 되고, 인정받을 수 있다는 말에 남편도 쾌히 승낙을 한 것이다. 그리고 둘째 아들 내외가 막내아들을 서울로 데려갔다. 서울에서는 직장에 다니는 며느리가 막내아들 학원 뒷바라지를 했고 우리 부부는 아들 내외의 손자를 보살폈다. 그리고 얼마 후에 둘째 아들은 손자도 서울로 데리고 갔다. 손자가 떠난 집안은 허전했고 너무 섭섭했다. 남편도 손자가 없는 집이 허전하다며 중얼거렸다. 아들 내외는 손자를 봐주는 할머니를 따로 구했다.

막상 손자를 서울로 보내놓고 집안은 쓸쓸했다. 남편도 버릇처럼 빈집 같다며 섭섭해했다. 며칠 동안 손자 얼굴이 생생하게 떠올라서 좀 힘들었다. 그래도 아들 내외가 서울에서 먼 거리를 오가는 불편에 비하면 남편과 내가 감내해야 했다.

손자를 보내놓고 다시 어린이집에 몰두하기 시작했다. 그런데 어린이집과 살림집이 한 공간에 있어서 많이 불편했다. 어린이집 근처에 살림집을 마련하는 것이 현실적으로 옳았다. 하지만 경제적으로 여유가 없어서 변두리에 있는 집을 알아봐야 했다. 수소문 끝에 산청군 단성면에 있는 강누마을에 방 한 칸과 부엌이 딸린 집을 구했다. 어린이집에 있던 살림도구를 그곳으로 옮겨놓고 남편과 나는 일주일에 두 차례 통근을 했다.

먼 거리를 오가면서 몸이 지쳐갔다. 어린이집에서 종일 시달리고 강누마을로 가는 버스에 앉으면 온몸에 기운이 빠지면서 그대로 눈이 감기곤 했다. 이따금 강누마을을 지나쳐서 곤욕을 치른 적도 있었다. 그런 날이 갈수록 많아졌다. 그 무렵 몸은 힘들고 마음은 고통스러웠다.

*

여전히 살림은 넉넉하지 못했다. 빚도 좀처럼 줄어들지 않았다. 어느 집에서 천만 원을 차용했는데, 자꾸 원금을 달라고 독촉했다. 처음에 돈을 빌려줄 때는 나에게 살아있는 보증수표라며 천천히 갚아달라고 하더니 당장 원금과 이자를 내놓으라는 식이었다.

그런데 셋째 아들이 진주 칠암동에 있을 때부터 사귀고 있는 아가씨가 있는데 결혼을 하겠다고 찾아왔다. 그 아가씨는 내 친구의 외동딸인데 여

교사였다. 한눈에 마음에 드는 아가씨였다. 그러나 눈앞이 막막했다. 빚쟁이는 원금과 이자를 달라고 하고, 셋째 아들이 사귀고 있는 여교사의 친정에서는 당장 결혼을 추진하라고 하고 막막했다.

아니, 나에게는 당장 날벼락이었다. 자기 자식이 결혼하겠다면 두 손 들고 축하해야 할 판인데, 혼자 많이 울었다. 어디에 대고 하소연 할 곳도 없고, 그렇다고 남편에게 해결책을 찾아보자고 의논을 해도 소통이 되지 않는 상황이었다. 그런데 자연스럽게 결혼식 날짜가 잡혔고, 셋째 며느리를 기쁜 마음으로 맞았다.

우리 집은 세 아들을 결혼시키면서 빚은 더욱 늘어났다. 축의금도 갚으러 다녀야 했고, 어린이집은 출, 퇴근이 힘들어서 몸도 마음도 많이 지쳐가고 있었다. 더구나 어린이집에서 강누마을까지 출, 퇴근은 좀 무리였다. 비 오는 밤이나, 혼자 퇴근할 때는 무섭고 두려웠다. 배도 고프고 기운도 없고 버스 유리창에 기대고 쪽잠을 자곤 했다.

그 무렵 눈만 감으면 나도 모르게 노래처럼 중얼거리는 신음이 있었다. 바로 '사는 게 뭔지' 였다. 그것은 내 입에서 나오는 말이 아니라, 내 몸에서 나오는 신음이었다. 나중에는 어린이집 운영이 잘 되지 않아서 제때에 월세를 내지 못했다. 운전기사가 시간을 맞춰주지 못한 것도 한 몫을 했다. 어쩔 수 없이 남편에게 운전을 좀 해달라고 했지만 한 마디로 거절당했다. 결국 차량운행까지 중지해야 했다. 결국 처음 어린이집을 시작할 때 50명이나 되던 원아가 20명으로 줄었다.

사정이 어려워지면서 나는 모든 일에 의욕을 잃어갔다. 시름시름 앓아 눕고 싶었다. 그때마다 남편은 내게 핀잔을 줬다.

"거봐, 애들 공부시킨다고 까불어 대더니? 집안 꼴 잘 돌아간다"

남편은 내 얼굴만 보면 원망과 투정을 늘어놓았다. 그때는 많이 지쳐 있었기 때문에 격려와 응원이 필요했다. 남편이라도 내 마음을 다독여 주고 격려해 주었다면 거짓말처럼 다시 일어서려고 노력했을 것이고, 그러다 보면 좋은 기회가 올 수 있을 것만 같았다. 그때의 남편은 내 남자가 아니라 다른 남자 같았다.

*

1992년 음력 설날이었다. 가족이 한자리에 모여 있다가 헤어졌다. 그런데 오후에 넷째 아들이 다시 집으로 돌아왔다. 넷째 아들이 대학을 마치고 취직을 해서 두 달쯤 되었을 무렵이었다. 아들이 나를 가만히 불러 세웠다.

"드릴 말씀이 있어요"

"뭔데?"

"400만 원만 준비 해 주세요"

아들이 다짜고짜 돈을 준비하라는 말에 덜컹했다.

"돈 벌기는 문제없는 것 같아요. 2주 교육만 받으면, 원금은 금방 갚고요, 어머니에게 많은 돈 안겨 드릴게요"

나중에 알았는데 다단계였다. 넷째아들이 보기에 내가 얼마나 안타까워 보였으면 그런 허황된 정보를 듣고 달려왔는가 싶어서 마음이 많이 아팠다. 아들을 꾸중해서 돌려보냈다.

"그런 돈 필요 없다"

어린이집에서 머리를 싸매고 누웠다. 살아오면서 몸이 아파 누워본 건 그때가 처음이었다. 몸도 마음도 삶의 의욕이 소진된 기분이었다. 그러나 이대로 누워있다고 해서 해결될 일도 아니었다.

다음날 보리암에 가려고 자리에서 일어났다. 마침 넷째 아들이 따라오겠다고 해서 동행했다. 나와 넷째 아들은 보리암에서 밤을 새워가면서 기도를 올렸다. 어린이집에 출근을 하려면 늦을까 봐 새벽길을 걸어서 보리암을 나왔다. 마침 중간에 보리암 승용차를 만나서 진주까지 무사히 도착했다.

그런데 이제는 넷째 아들이 걱정이었다. 그렇다고 집에서 놀게 할 수는 없었다. 사내라면 무언가를 하면서 또 새로운 계획도 세울 수 있다고 생각했다. 그래서 남해병원에 이사로 있는 친구에게 넷째 아들의 취직을 부탁했다. 마침 원무과에 자리가 있었다. 넷째 아들은 우선 원무과에 근무하다가 전산과가 생기면 바로 그곳으로 옮기기로 하고 취업을 했다. 그리고 넷째 아들은 진주에서 출, 퇴근하다가 얼마 지나지 않아서 기숙사에 들어갔다.

어린이집은 시간이 갈수록 경영난이 심각했다. 결국 보증금 500만 원에서 월세를 몇 개월 밀리게 되어서 보증금 350만 원만 남게 되었다. 살림은 늘어나는 재미가 있어야 하는데, 우리 집 살림은 늘어나는 게 빚뿐이었다. 당장 어린이집 보증금까지 줄어들고 있는 상황에서 암담했다. 그러나 좌절하지 않았다. 나에게는 도전정신과 열정이 있었다. 어떠한 어려움이 닥쳐와도 정면으로 맞서려는 삶의 의지가 남달랐다. 결국 살림집을 줄여가기로 했다. 그때는 마침 넷째아들 친구가 집에서 놀고 있어서 어린이집 차량 운전을 도와주었다.

*

1991년 4월 셋째 아들의 손녀가 탄생했다. 기쁘고 보람 있었고 행복한 소식이었다. 그때 남편과 새집을 구해서 이사를 했다. 새로 옮긴 집은 산청군에 있는 원지아파트였다. 어차피 집은 있어야 했기에 아쉬운 대로 조건이 맞아서 사게 되었다. 진주보다는 집값도 낮고 더구나 당장 내 집을 구해야 된다는 각박한 현실 때문에 고민도 하지 않고 선택했다. 또 집값을 분할 상환 하는 조건이라 우리 살림에도 여러 가지 조건들이 좋았다. 마침 아파트 분양이 끝나고 산청군 신안면 원지 아파트 4층에 마지막으로 한 채가 남아 있었던 것이다.

여전히 개인 채무는 많이 남아 있었다. 그 빚을 보험회사 적금형식으로 돌려서 채무정리를 했다. 이자 독촉에 대한 마음의 부담이 한결 가벼워졌다. 얼마 후에는 둘째 아들을 보증인으로 세워서 또 보험을 적금형식으로 대출을 받고 그렇게 거미줄처럼 얽혀있던 사사로운 빚을 대출로 바꾸었다. 하지만 매월 내야 하는 분할금도 여전히 힘들게 했다.

사실 200만 원의 생활비가 마련되어야 적금도 넣고 어느 정도 생활할 수 있는 상황이었는데, 그때 수입은 100만 원이 채 안 되었다. 참 말이 안 되는 계산식이었다. 하지만 밀린 채무는 빨리 청산해야겠다는 의욕과 오래 지속되는 어려운 살림에서 빨리 일어서고 싶은 욕심 때문에 다른 방도는 없었다.

한편 생각해보면 내 자신이 참 바보 같았다. 그때까지 살아온 현실이 바보 같았고, 무엇보다도 남편이 아니라도 나 혼자 고생하면 모든 게 잘 될 것이라는 어리석은 생각이 바보 그 자체였다. 남의 집에서 세를 오래 살아보면서 우는 날도 많았다. 주인은 하나같이 세를 더 받겠다고 나를 괴롭혔고, 떠다 넘기기 식으로 밀어붙이는 공공요금 때문에 마음이 상한 적이 한두 번이 아니었다. 그러나 주인들과 다툼을 해본 적이 없었다. 그냥 내가 좀 손해 보면 된다는 것이 나의 생활신조이기 때문이었다. 이슬비에 옷 젖는다는 말처럼 경제적인 손실은 고스란히 내 몫으로 돌아오곤 했다.

*

한 생을 돌아보면 늘 배려하는 삶이었다고 자신 있게 말할 수 있다. 사람의 욕심이라는 것은 끝이 없는 것이라서 이웃이 풍요하면 내가 곧 풍요해진다고 생각하면서 살아왔다. 그것은 당장 내게 손해가 되고 아쉬움과 상실감을 안겨주지만 결국 내 마음에 평온을 찾게 해주곤 했다.

어린이집이 우후죽순 생겨났다. 어린이집은 국가와 자치단체에서 행정 시스템으로 관장하기 때문에 여러 가지 충족시켜야 할 일들이 많았다. 자격요건도 까다롭고 감사도 받아야 했다.

한 번은 산청군 어린이집 소관부서의 송정덕 계장이 나를 불렀다.

"김 여사님, 왜 그렇게 멀리까지 다니십니까?"

"관인 어린이집이라서 많이 알려져 있어요. 내가 정책자금 신청해 볼려고 생각은 하고 있었는데요…."

송정덕 계장이 내 말을 자르고 말을 이었다.

"5천만 원 신청해보세요"

귀가 솔깃했다. 산청군으로 이사를 하면 정책자금을 지원한다고 했다. 그 정책자금은 분할 상환인데, 6년 동안은 이자만 내고 나머지 7년은 원금과 이자를 같이 상환한다고 설명했다. 당시 정부에서는 어린이집 개원을 권장하면서 일반 이자는 2부 또는 1.5부였는데 상당히 부담이 되는 실정이었다.

"생각해보세요. 보통 이자는 2부잖아요. 그런데 정책자금은 0.9부 라구요"

당장 정책자금 5천만 원을 신청했다. 그런데 그 돈으로 어린이집을 신축해 보려니까 도저히 엄두가 나지 않았다. 그렇다고 산청에서 먼 곳에는 땅값이 저렴하겠다 싶어 생각해보았지만 잘못된 판단이었다. 그리고 어린이집 홍보가 걸림돌이 되었다. 며칠 고민을 하면서 마땅한 땅을 알아보러 다닐 때 남편은 내게 핀잔을 주었다.

"빚내어서 간 큰 짓 하지 마"

산청군 소재지에서 넓은 땅을 보기로 했다. 그래도 유아원 경험이 많은 사람과 동네를 돌았다. 마침 괜찮은 땅을 찾았다. 그런데 이번에도 땅주인을 잘 못 만난 것이었다. 건물주인과의 몇 차례 좋지 않은 경험을 하면서 마음의 상처도 깊었다. 그래서 이번에는 심사숙고했었다. 하지만 여전히 좋은 주인은 만나지 못했다. 세상은 각박하고 험난하다는 생각을 했다.

그 땅은 염소를 사육하는 땅이었는데 온갖 잡목들이 흩어져 있고, 생활 쓰레기가 난장판이었다. 그 쓰레기와 잡목들은 우리가 치우기로 하고 150평을 어린이집 공간을 만들어 보려고 계획했다. 그리고 6년 동안 그 땅을 사용하기로 계약하고 보증금 1,000만 원에 월세 15만 원을 지불하기로 했다. 그리고 어린이집을 짓기 시작했다. 그 무렵에도 여전히 진주어린이집 원장을 하고 있었기 때문에 남편에게 부탁했는데 남편은 딱 잘라 말했다.

"이번에는 또 무슨 일을 저지르려고…."

"빚이라도 갚으려면 뭐든 해야지요"

"편하게 살자고 제발!"

남편은 모르겠다는 식이었다. 마음이 아팠다. 너무 힘들었다. 결국 어린이집 공사를 일하는 사람들에게 모두 맡겼다. 그게 화근이었다. 어린이집 화장실 등 몇 가지를 추가로 부탁했는데 재료를 다른 데서 가져와야 한다는 핑계를 대며 시간을 끌었다.

그 뿐만 아니었다. 한 번은 군청 건축과에서 공사 현장을 찾아왔다. 용도 변경도 하지 않고 건물을 짓는다고 공사를 중지시켰다. 나중에 알았지만 처음에 땅 주인과 계약을 할 때부터 잘못되었던 것이다. 주인은 무조건 토지용도 변경료를 물어야 한다며 시치미를 뚝 떼었다.

관할 면사무소로 달려가 민원조정 신청을 했다. 면장님과 총무계장이 앉아 있었다. 그리고 얼마 있다가 땅 주인이 도착했다. 면사무소에서는 토지용도 변경료는 법적으로 내야 한다는 것이었다. 면장님이 땅 주인 입장만 내세우며 말을 했다.

"어린이집에서 사용할 거니까, 어린이집이 부담해야 지요?

화가 치밀어 고함을 쳤다.

"어린이집이 무슨 큰돈 버는 사업입니까?"

면장님이 머쓱했는지 슬그머니 자리에서 일어났다. 옆에서 총무계장이 나를 달래며 말했다.

"자, 이러지 마시고요. 어린이집 원장님과 땅 주인분이 서로 절반씩 부담하시지요"

땅 주인과 총무계장의 제안을 받아들이기로 했다. 그래서 토지용도변경 문제는 해결이 되었다.

그날 면사무소를 나오면서 울화가 치밀어 올랐다. 이럴 때 남편이 적극적으로 도와주지 않는 것에 대한 서러움까지 복받쳐 올라왔다. 남편은 내가 하는 일을 늘 못마땅해했다. 자꾸 무언가 일을 벌여놓고, 그 일에 묻혀서 몸부림하는 내 모습이 싫어서가 아니라, 그저 못마땅해 했다. 모든 일은 형편과 분수에 맞게 살아야 하는 것이 순리라고 생각하는 사람이었다.

그러니까 남편은 돈이 없으면 적게 먹고, 적게 쓰자고 하는 사고와 가치관을 가졌다. 하지만 돈이 없으면 벌어야 하는 것이고 먹을 게 없으면 입에 넣을 수 있는 음식을 만들어 내야 직성이 풀리는 성격이 남편과 내가 다른 점이다. 꿈을 꾸고 미래를 위해 돌탑을 쌓아가고자 하고 남편은 부질없는 욕심이라며 외면하곤 했다.

내 마음을 더욱 아프게 한 것은 시누였다. 한 번은 내가 시누에게 남편에 대해 하소연을 한 적이 있었다. 그래도 시누에게 위로라도 받고 싶어서 했던 투정이었는데, 시누가 뚝 잘라 말했다.

"언니가 오빠를 그렇게 만든 거지, 뭐!"

"내가요?"

너무 황당해서 더 이상 입을 열지 않았다.

1994년 1월 어린이집 완공을 두 달 앞두고 어린이집 새 가족을 모집했다. 유치원 7년 경력을 가진 선생님 한 분, 산후 때 3개월 정도 대리로 돌봐 주실 병설 유치원 대리 선생님 한 분을 모셨다.

선생님들과 함께 환경정리에 필요한 재료를 구입하고, 교재구입과 어린이집에 필요한 물건들을 구입했다. 그리고 어린이집 문을 열었는데 예상했던 것보다 관심이 높았다. 농촌 마을이라서 소문이 빨라서 어린이집 원아 모집에 많은 도움이 되었다. 비가 오면 우산을 들고 햇볕이 뜨거우면 양산을 펼쳐 들고 마을을 돌았다. 마을을 돌면서 옛날에 가정방문을 하던 보건직 공무원 시절을 떠올려보았다.

원아를 모집하는 방법에는 나만의 방법이 따로 있었다. 직접 원아가 있는 곳을 찾아다니는 것이었다. 나는 발품을 팔아 가정을 방문하고 부모님을 만나서 설명하면서 홍보했다.

어린이집 마무리 단장은 다행히 남편이 도와주었다. 남편은 화단을 만들고 모래 놀이 장소도 만들었다. 시소, 미끄럼틀 3인용, 그네도 설치하고 목재소에서 나무를 구입해 놀이터 울타리도 만들었다.

그 울타리 밖으로 봉숭아, 채송화, 국화꽃을 심고 햇볕 가림막을 대신해 등나무도 심었다. 남편과 내가 어린이집 단장에 한창 열중하고 있을 때 셋째아들 내외의 손자 인철이가 태어났다. 남편과 나는 기쁘고 행복했다. 손자 손녀가 세상에 태어났다는 소식을 들을 때마다 사실 내 마음은 더욱 바쁘고 조바심이 생겼다. 나와 남편이 나이를 먹고 기운이 없을 때 최소한 사랑하는 손자와 손녀들에게 자랑스러운 할아버지와 할머니로 남고 싶었기 때문이다.

서울에서 둘째 아들이 어린이집 건물에 유리창과 차량에 코팅 필름을 붙여 환경을 정리해주었다.

새로 단장한 엄마손어린이집은 그런대로 안정을 찾아갔다. 넓고 쾌적한 공간에 지어 올린 시설에서 좋은 선생님들의 노력이 있었기에 가능했다. 어느 정도 어린이집이 안정세를 찾아가고 있었다.

1995년 9월 보건복지부에서 시설장 3개월 과정 연수가 있었다. 어머니들에게 어머니회를 만들도록 하고, 아침을 먹여주는 원아와 점심과 간식

준비를 어머니들이 손수 해주시도록 당번을 지정해주었다. 그리고 서울에서 다른 원장님들과 합숙연수를 할 생각이었다.

그런데 나중에 알았지만 첫째 며느리와 둘째 며느리가 나를 한 달 씩 자기 집에 모시기로 협의를 해 놓았다고 했다. 큰 아들 집에서 연수원으로 출,퇴근했다. 큰며느리가 매일 도시락을 챙겨주었다. 마침 연수원에서 다른 원장들과 함께 하는 도시락부대가 있었다. 이를테면 원장님이 손수 싸 오는 도시락, 따님이 싸주는 도시락, 친정어머니가 싸주는 도시락, 며느리가 싸주는 도시락까지 가지각색이었다. 그런데 내가 펼쳐놓은 도시락은 때마다 한 눈에 입맛을 당기는 맛있는 반찬으로 모두의 부러움을 샀다.

며느리는 내 잠자리를 위해 아이들 방에 있는 무거운 피아노를 다른 곳으로 옮겼다. 나를 편히 모시겠다고 너무 많은 신경을 썼는데 사실 그 순간 세상에서 제일 행복한 사람이었다. 하지만 내게 잘하려는 며느리가 얼마나 힘들까라는 생각에서 여간 조심스러웠다. 그래서 일찍 자야겠다는 핑계로 방으로 일찍 들어가고 응접실에 마음대로 앉아있기가 미안한 적도 있었다.

연수 기간 중에 내 뒤에 앉아 있던 7남매의 맏며느리라는 마산 원장한테 그 말을 털어놨다. 그랬더니 그 원장 말이 '너무 잘했어요 그래야 미움 안 받아요' 라고 말해줘서 속으로 나는 웃었다.

그리고 한 달 보름은 둘째 아들집에서 지냈다. 둘째 며느리도 역시 맛있는 반찬으로 도시락을 싸주었다. 음식도 맛있었지만 그 정성이 예쁘고 고맙고 사랑스러웠다.

3개월의 연수 기간은 너무 길었다. 그런데 가족의 위계질서나 선생님과의 화합에는 좋은 기회가 되었다. 또한 연수 기간에 배우고 익힌 게 참 많았다. 현장에서 어린이집을 운영하는 원장님과 선생님들에게 유익한 교육이었다.

빚

어린이집을 운영하면서도 여전히 마음이 불편했다. 그때 친구에게 어린이집 등기부 등본을 맡기고 내가 돈을 차용했기 때문이다. 마음은 항상 조마조마했다. 한번은 어린이집에 그 친구가 찾아왔다. 물어물어 나를 찾아왔다고 말했다.

"얼굴이 안 좋네?"

"응, 그래"

한 눈에도 친구가 내 얼굴빛이 안 좋아 보인다고 친구가 상심이 가득한 얼굴로 나를 바라보았다.

"빨리 갚아야 하는데…."

"어디 많이 아픈가 봐?"

친구는 말끝을 흐렸다. 그 친구에게 되도록 빨리 갚겠다고 말했다. 친구는 더 이상 채근하지 않았다. 그때는 사실 그 친구와 잘 만나지도 않는 사이가 되었다. 하지만 그런 친구가 있었기 때문에 살아가면서 인간관계를 경험하고 어려운 시기를 극복해온 게 아닌가 생각한다.

학부모님이 안심하도록 어린이집을 전면 공개하기로 했다. 하루 종일 내 아이가 어떻게 무엇을 하고 있는지, 한눈에 보이도록 유리문을 많이 설치했다. 학부모와 어린이집이 서로 신뢰할 수 있도록 사소한 부분까지 최대한 배려했다. 지금 생각해봐도 그 무렵 어린이집 운영방식은 누구에게도 한 치의 부끄러움이 없다.

서울에서 연수를 마치고 돌아와서 어린이집 선생님들과 부둥켜안고 울었다. 내가 없는 어린이집에는 선생님들이 고생한 흔적들이 한 눈에 보였기 때문이다. 그래도 좋은 선생님 덕에 마음 놓고 어린이집을 비울 수 있었다는 게 참 뿌듯했다. 앞으로 원아 100명 이상의 어린이집도 잘 운영할 수 있다는 자신감과 희망을 꿈꾸었다. 무엇보다 어린이를 좋아하는 나에게 어린이집 운영은 적성에도 잘 맞았다.

농촌 지역이라는 환경의 특성을 고려한 경영, 빈부 차이 없는 평등한 경영, 가정문화의 격차가 없는 경영, 양질의 교육과 환경을 목표로 어린이집 운영방식에 대한 새로운 계획을 세웠다.

사실 엄마손어린이집에 찾아오는 학부모님의 가정환경은 천차만별이었다. 외양간과 파리가 날아다니는 환경에서 장애인 어머니와 황소 같은 아버지, 곧 숨이 멈출 것 같은 두 어린 여자아이, 욕심과 무지함으로 가족을 돌보지 않는 할아버지 댁을 10여 차례 이상 찾아다니며 설득을 했다. 나중에는 마을 아주머니들을 엄마손어린이집으로 직접 모시고 와서 홍보했다.

처음에는 나를 외면하거나 이상한 사람으로 취급했다. 그러나 나의 깊은 관심과 열정을 지켜보시던 학부모님들이 어린이집에 관심을 가지기 시작했다. 그래서 열악한 환경에서 살고 있는 두 여자아이의 부모님이 엄마손어린이집을 찾아오셨다.

지역 환경이 농촌이기 때문에 어린이들을 위한 시설물을 추가로 설치해야겠다고 생각했다. 그래서 자동차 모형의 침대를 구입하고, 호기심을 불러일으킬 만한 다양한 장난감들을 구입했다.

엄마손어린이집에 원아들이 늘어나면서 바빠지기 시작했다. 나의 일상은 아이들을 씻기고 옷 갈아입히고, 우유병을 소독하고 쉴 틈이 없었다. 천성이 직접 모든 아이들을 돌봐야 안심이 되는 성격이라서 하나부터 열까지 내 손이 닿아야 안심이 되었다.

대부분 바쁘게 살아가는 농촌 가정들이라서 여러 가지 불편한 점이 많았다. 특히 학부모님들이 아이들의 기저귀를 챙겨오지 않는 경우가 많았다. 나는 당장 군청에 달려가 지원금을 달라고 해서 기저귀도 여유 있게 준비했다.

엄마손어린이집은 입소문으로 알려지면서 어느 정도 유명세를 타기 시작했다. 어느 가정은 4형제가 엄마손어린이집을 다녀갔다. 막내는 사내 아이였고, 그 위로는 모두 여자아이였는데 태어나서 100일 만에 우리 어린이집에 와서 병설 유치원으로 갔다. 우리 어린이집 아이를 한 명, 한 명 떠나보낼 때마다 마음이 허전하고 무척 쓸쓸했다.

그 4남매의 부모님은 논 가운데에 비닐하우스로 집을 짓고 딸기와 호박 농사를 지으면서 아이들을 키우면서 돈을 모았다. 그런데 아버지가 한쪽 팔이 없어서 불편해 보였다. 하지만 그 한쪽팔로도 못하는 게 없었다. 성실하게 살아가시는 모습이 너무 보기 좋아서 그 아버님과 마주칠 때마다 공손하게 인사를 드렸다. 한 번은 한숨을 길게 쉬면서 내게 말씀하셨다.

"제가 독자라서요, 아이들이 형제가 없으면 외로울 거라고 다섯이나 낳았어요"

"저도 아들이 다섯이랍니다"

자식이 많은 사람들을 보면 먼저 존경하는 마음이 들었다. 내가 다섯 아들을 키워보면서 그 어려움을 뼈저리게 느껴봤기 때문이다. 하지만 여전히 살림은 빚이 많았다. 이자와 원금을 갚아내는 데도 한계가 있었다.

처음부터 어린이집을 운영해서 큰돈을 벌어야 한다는 생각은 하지 않았지만 생각보다 수입은 넉넉하지 못했다. 빚은 알게 모르게 늘어나고 있었다. 하지만 그러한 빚들은 미래의 희망을 가져오는 소중한 과정이 될 것이라고 믿었다. 빚을 떠안고 살면서도 늘 내일을 꿈꾸고 내 가정의 희망을 떠올렸다.

꼬마 궁전 어린이집

1994년 엄마손어린이집을 개원하고 나서 어린이집이 전국적으로 늘어나기 시작했다. 기존에 학원을 하던 곳이 어린이집으로 바뀌기도 했다. 그다음 해 1996년에는 인근에 4곳의 어린이집과 산청읍 내에 2곳의 어린이집이 생겼다. 산청군에서 어린이집 선구자 역할을 해온 나는 어린이집 연합회 회장직을 맡았다. 그래서 어린이집 관련 정보와 진주의 어린이집과의 유대가 잘 이루어졌다. 더 많은 어린이집이 개원을 할 것이라고 예감했다. 그리고 우후죽순처럼 늘어나는 어린이집이 지역사회에서 쾌적한 환경과 안전한 시설을 갖추고 어린이집의 질을 높이자고 강조하고 홍보했다.

원아들의 캠프도 내가 직접 참여해서 선생님들과 함께했다. 또 다른 어린이집과도 함께 어울리는 프로그램도 만들었다. 아이들과 함께 갯벌

놀이, 포도밭 체험을 하면서 나도 어린이가 되어 보는 시간도 가졌다. 나중에는 학부모들이 적극 도와주기도 했다. 야외놀이를 가면 학부모가 바쁜 일손을 놓고 어린이집에 오셔서 함께 김밥을 싸고 볶음밥을 만들기도 했다.

그러니까 내가 운영하는 엄마손어린이집은 학부모가 참여하는 새로운 개념의 어린이집으로 오래전부터 계획하고 있던 경영방식이었다. 이를테면 이러한 작은 일들이 모두 한 가족이라는 공동체 인식을 체험으로 실천하는 계기가 되었다.

또 한 달에 4회는 야외학습을 나갔다. 학부모들도 무척 좋아했다. 아이들과 함께 하는 일이 즐겁고 행복했다. 꼬마궁전 어린이집은 사업이 아니라 행복과 성취감을 안겨준 일터였다.

나는 학부모들에게 꽤 인기가 높았다. 어린이집은 자연스럽게 널리 알려졌다. 입이 마르도록 나를 격려하고 칭찬하는 목소리가 메아리가 되어 돌아왔다. 행복했고 뿌듯했다.

어린이집에서 행복한 시간을 보내는 사이에 둘째 아들이 손자 (정 필립)를 낳았다고 연락이 왔다. 행복이 이어지고 있었다. 그 행복감을 어린이집 원아들과 함께 나눴다. 이따금 새벽 2시에 아이를 데리러 오는 학부모님이 계셨다. 그래도 짜증 한 번 내지 않았다. 인공정자로 얻은 이란성 쌍둥이들은 그 집안의 보물들이었다. 어린이집 귀가 차량이 그 집 앞에 서면 할아버지 할머니 아버지 어머니가 나란히 나와서 기다리고 계셨다. 조심스럽고 부담이 컸지만 한 번도 다친 적도 없고 너무 예쁘게 잘 자랐다.

얼마 후 넷째 아들이 손녀 다빈이가 탄생했다고 연락왔다. 행복과 기쁨이 계속 이어지고 있었다.

*

1997년 4월이었다. 산청 군청에서 공립어린이집을 건립했다. 학부모님이 어린이집을 찾아오셔서 내게 말했다.

"산청군에 공립어린이집 개원한다는데, 미안하지만…."

"아이를 그곳으로 보내시려고요?"

"시설이 좋고, 공간도 넓다는 데…."

학부모님이 많이 망설이는 것이었다.

"삼 개월만 지켜봐 주세요. 그래도 우리 어린이집이 진짜 아니다, 생각하시면 그때 옮겨도 좋습니다"

자신 있었다. 아이들에게 사랑의 손길과 정성이 더 소중하다는 것을 학부모님에게 강조했다.

"어쩌죠?"

"큰 집에서 훌륭한 사람 안 나옵니다"

"그럴까요?"

학부모님도 고민을 할 수밖에 없었다. 그만큼 내가 운영하는 어린이집은 소문이 좋았기 때문이다.

"믿어보시고 비교해보세요"

학부모가 나를 믿기로 하고 돌아갔다. 다른 학부모들에게도 같은 설명을 하며 마음을 잠재우고 회비도 3개월간 공립어린이집과 동일하게 낮춰 받기로 했다. 결국 아이를 공립으로 옮겨가겠다고 찾아오는 학부모는 한 분도 없었다. 많은 생각과 갈등을 했다. 앞으로 공립어린이집이 늘어나면 그야말로 경영에 타격을 입을 게 빤하다는 생각이 들었다.

산청군청의 어린이집 담당 공무원을 찾아갔다. 그리고 가지고 있는 시설장 자격증으로 1개월이라도 좋으니까 시설장 근무를 허락해 달라고 졸랐다. 그런데 산청군 어린이집 관련 조례상 채용 규정이 만57세라고 말했다. 결국 나이가 문제였다.

"조례를 바꿀 수도 있지만, 육 개월 이상 걸려요"

담당 공무원이 조례를 뒤적이며 내게 말했다. 그날 애원하다시피 했지만 다른 방법이 없었다. 그때 상실감과 절망감이 컸다. 아무리 노력을 해도 행복과 기쁨은 한계가 있었다. 내 그릇이 이 만큼이라는 생각을 떨쳐 낼 수 없었다.

그러나 어린이집을 운영하면서 좋은 인연도 많았다. 한번은 진주의 지하상가에서 진주 엄마손어린이집을 할 때의 학부모를 만났다.

"아이고, 원장님. 보고 싶었어요"

그 학부모가 내 손을 끌어 잡고 환하게 웃었다. 그리고 다짜고짜 옆에 있는 빵집으로 나를 끌고 가서 내 손에 빵을 들려주셨다.

"반갑습니다. 어머님"

"저희 아이가 원장님 많이 귀찮게 해드렸잖아요"

학부모님이 미안해하는 얼굴에서 따뜻한 마음이 내게 안겨 왔다. 나는 하루 종일 언짢았던 마음이 환하게 밝아졌다. 그때마다 내가 하는 일에 새삼 보람을 느끼곤 했다.

한 번은 쌍둥이 형제가 있었는데 유별나게 선생들을 힘들게 했다. 그 아이의 어머니를 만나서 자초지종을 말씀드리고 도와주시라고 부탁했다. 그 후 놀랍게도 아이들이 말썽도 부리지 않고 행동이 많이 달라졌다. 몰래 자리를 떠나 있어도 울고 보채지도 않고 다른 아이들을 밀치거나 쓰러뜨리지도 않았다.

꼬마궁전 어린이집을 그만두고 서울로 떠나온 건 2003년 12월이었다. 너무 다급한 마음에 함께 이웃으로 지내던 학부모님들에게 한 마디 인사도 없이 훌쩍 떠나왔다. 생각해보면 학부모님들에게 배신감을 안겨주고 왔나 싶어서 지금도 그 섭섭함을 지울 수가 없다.

어린이집을 운영하면서 경제적인 부분보다도 더 큰 꿈을 기대했다. 아이들과 함께 하는 시간이 너무 좋았고, 즐거웠다. 아이들의 초롱초롱한 눈빛을 보면서 미래와 희망을 꿈꾸곤 했다. 하지만 현실은 그러한 꿈만으로 따뜻하지 못했고, 고통스럽고, 외로운 전쟁 같았다. 그렇다고 지금까지 내가 살아오면서 어린이집 운영을 후회해 본적은 한 번도 없었다.

IMF

넷째 며느리의 권유로 진주의 시립 국악학교에 입학했다. 그런데 우연히 큰며느리의 친정어머니와 같이 다니게 되었다. 우리 두 사람은 상록원 뒷산을 오르기도 했고 서로의 힘든 일들을 의논하곤 했다. 사람들에게 우리는 사돈 사이라고 자랑도 했다. 그래서 국악학교 어머니원생들이 무척 부러워했다. 나와 사돈은 국악원생들과 함께 광주 비엔날레에도 다녀왔다. 모든 지나간 시간은 아름답고 따뜻한 기억으로 머무는 법이다.

얼마 후에 막내 아들이 서울대학교 대학원을 졸업하고 경기도 기흥에 있는 삼성전자 연구원으로 입사했다는 소식이 왔다. 기쁘고 행복했고 보람이 있었다. 한번은 막내 아들이 집에 다니러 왔다. 그리고 나에게 가만히 물었다.

"어머니, 채무 관계가 어떻게 되나요?"

막내가 내 얼굴을 바라보며 물었다. 내가 빚에 시달리는걸 알고 있었던 모양이었다. 대답을 하지 않았다. 그때도 많은 빚이 있었다. 괜히 막내아들에게 부담을 안겨주고 싶지 않았다.

"제가 매달 얼마씩 보내 드리겠습니다"

"그래, 고맙구나"

그리고 얼마 후 막내아들이 약속한 대로 매월 돈을 보내왔다. 그런데 어린이집과 목욕탕 건물 사이에 울타리가 설치되면서 어린이집 문을 사용할 수 없게 되었다. 그래서 다시 이사를 해야 했다. 당장 어린이집 옆에 3평 남짓 공간에 조립식 방을 만들었다. 아무튼 건물이라는 것은 손만 대면 돈이 들었다. 그곳에 이불장과 옷장을 넣고 이층 방을 만들었고 그곳에서 휴식을 하고 잠을 잤다. 그러나 비가 오면 지붕과 지붕 사이에서 빗물이 새어들었다.

밥은 어린이집에서 해 먹었다. 살림 공간은 자꾸만 좁아졌지만 아침 일찍 챙겨야 하는 불편 말고는 별문제는 없었다. 아끼고 절약하면서 그런대로 어린이집 적자는 줄어드는가 싶었다.

1997년 IMF 외환위기가 왔다. 세상이 시끄럽고 사람들은 뒤숭숭했다. 삼성그룹의 비서실이 해체되면서 장남은 부산으로 내려왔고 여러 가지로 힘든 상황이 되었다. 막내아들은 평생직장이 없다며 공부를 더 해야겠다고 했다.

"형님들과 의논은 했어?"

걱정이 되어서 막내아들에게 물었다.

"예, 어머님 허락이 마지막입니다"

아들 오 형제가 모두 협의가 된 모양이었다. 우리 가족은 모든 일에 민주적이었다. 오 형제의 의사가 먼저 필요하고, 나의 의사는 맨 나중이었다.

"엄마가 도와주지는 못할망정, 네 앞길을 막아서면 안 되지. 그렇게 못난 에미 아니다. 아무 걱정 말고 네 하고 싶은 공부 더 하렴"

막상 말을 해놓고 걱정이 되었다. 그래서 다시 물었다.

"공부는 무슨 돈으로 할 건데?"

정작 필요한 건 돈이었다. 걱정이 앞섰다.

"걱정하지 마세요. 내가 좀 모아놓은 돈 있고요. 이리저리하다 보면 맞춰질 겁니다"

막내아들이 안심시키려고 거짓말을 하는 것도 알고 있었다. 내가 고생하는 것을 많이 지켜보았기 때문이다. 그래도 막내아들은 고등학교 때도 장학금을 받았다. 생각해보면 막내아들이 대학교와 대학원을 다닐 때 등록금을 몇 번이나 챙겨주었는지, 기억도 가물가물했다. 그 미안한 마음에 가슴이 미어지는 것만 같았다.

그 무렵 막내아들이 많이 걱정되었다. 그렇다고 어린이집을 비울 상황이 아니라서 찾아 가보지도 못했다. 그 죄책감에 전화를 하면 가슴이 더 아프고 괴로웠다.

"미안하다. 어떻게 사는지, 가보지도 못하는 구나"

막내아들이 궁금하면 울컥 솟아올라오는 울음을 참고 전화를 했다. 그

때마다 막내아들은 오히려 나를 안심시키려고 다독여주곤 했다.

"걱정하지 마세요. 잘 하고 있어요. 힘드시니까 오지 마세요"

전화를 끊고 나면 밤새 잠을 이룰 수가 없었다. 이렇게 힘이 들 때 마다 남편은 입을 다물었다. 다 큰 자식인데 자기들이 알아서 살아야 한다는 것이 남편의 가정교육방식이었다. 물론 남편이 생각이 틀렸다는 것은 아니지만 남편은 항상 배앓이를 해서 낳은 어머니의 마음 아내의 깊은 마음은 헤아려주지 못했다.

한번은 막내아들이 걱정되어서 서울에 가려고 집을 나섰다. 진짜 내 마음은 아들들이 보고 싶었다. 얼굴만이라도 보고 왔으면 했다. 그때는 복잡하고 힘든 마음을 달래고 기대야 하는 곳이 오 형제 아들뿐이었다. 남편에게 속마음을 꺼내도 소통이 되지 않았다. 진주를 출발해서 서울역에 내렸다.

"막내야, 지금 진주에서 출발하려고 하는데 서울역에서 어디로 가야 하지?"

막내아들에게 숨기고 전화를 했다. 그런데 막내아들이 큰소리로 말했다.

"어머니, 오지 마세요. 걱정 안 하셔도 돼요"

막내아들이 극구 오지 말라는 것이었다. 한참을 생각했다. 그리고 막내의 말대로 다시 진주로 되돌아가야겠다고 생각했다. 그래야 모든 일이 제자리로 돌아갈 것이라고 판단했다.

사랑하는 내 아들이 둘이나 살고 있는 서울에서 진주로 다시 돌아가는 마음은 괴롭고 쓸쓸했다.

'그래, 서울에 도착했다고 하면, 두 아들이 나를 배웅하느라 얼마나 힘들겠어?'

속으로 중얼거리며 스스로를 달랬다. 어차피 바쁘게 살아가는 아들에게 시간을 뺏고, 불편하게 할 것 같았다. 그러나 배앓이 해서 낳아 기른 자식인데 얼굴 한번 보지 못하고 돌아가는 마음은 너무 괴로웠다.

*

1998년 엄마손어린이집은 다시 적자가 시작되었다. 아무래도 IMF 외환위기 영향이 컸다. 남편의 불만은 커지고 나와 갈등이 깊어갔다. 그런데 뒷집 목욕탕 주인이 제주도에 놀러 가자고 자꾸만 졸랐다. 남편과 그분들과 함께 제주도를 다녀오기로 했다. 남편은 텐트와 여행 도구를 챙겨 함께 떠났다. 경비는 한 집에 20만 원씩 부담하기로 했다. 우리 일행은 전남 완도를 거쳐 아름다운 한국의 나폴리 제주도를 다녀왔다.

공원에서 텐트를 펼쳐놓고 밥도 해 먹고 라면도 끓여 먹으면서 청정해역과 자연을 만끽했다. 남편과 모처럼 검은 모래가 깔린 바닷가를 걸으며 많은 이야기를 나눴다. 특히 제주도 관광에 대해 잘 알고 계시는 목욕탕 주인아저씨 덕분에 행복한 시간을 가졌다. 무엇보다 남편과 소통의 부재로 마음고생이 많았었는데, 제주도여행을 다녀오면서 남편이 어느 정도 내 속마음을 알아주는가 싶었다.

그 이후로 남편은 나를 어느 정도 이해해 주려고 했다. 그 노력하는 모습만으로도 만족했다. 나도 남편의 성격을 받아주려고 노력했다. 오 형제 아들의 아버지와 어머니로서 아이들이 행복하게 살아가는 모습을 지켜봐야 한다는 생각은 한결 같았다.

그날도 늦은 시간에 진주시장을 갔다. 시장에서 물건을 사고 있는데, 친구에게서 전화가 왔다. 친구는 남편이 많이 아프다고 빨리 집에 가보라고 말했다. 허겁지겁 집으로 달려갔다. 마침 아이들을 귀가 시키는 시간이었다. 방문을 열었는데 남편이 땀을 뻘뻘 흘리고 있었다. 놀라서 남편을 일으켜 세우려 했는데 대변을 옷에 그대로 배설하고 세수 대야에 구토를 하면서 사경을 헤매는 것이었다.

그때가 1998년 여름이었다. 남편이 텔레비전을 보는데 30분 정도 하늘과 땅이 맞닿은 것처럼 어지럽고 구역질이 나오기 시작했다고 말을 더듬었다. 당장 어린이집 차에 남편을 태우고 보건소로 달렸다. 그런데 보건소에서 배꼽 아랫부분에서 대동맥이 터졌을지 모른다고 119를 불렀다. 남편 팔에 링겔을 꽂고 우리 두 사람은 119에 실려 곧바로 경상대학 병원으로 달렸다.

몸과 마음이 무너지는 줄 알았다. 앞이 안 보이고, 세상이 온통 캄캄한 벽으로 보였다. 다급하게 오 형제 아들들과 가족들에게 연락을 했다. 그리고 남편은 서울 삼성의료원에 입원을 했다. 그때 서울대학병원을 생각하고 있었다. 하지만 가족의 의견을 존중하기로 했다.

남편은 삼성의료원에서 15일 동안 입원 치료를 했다. 병원비와 수술비

용이 1,500만 원이었다. 모두 오 형제 아들의 몫이었다. 매일 밤늦게까지 의료원 불당에서 기도를 올렸다. 아무리 기도를 해도 걱정은 많고 제대로 먹지 못해서 현기증이 났다. 어느 순간 정신을 가다듬고 보니까 내가 그대로 불당에 엎드려 있었다. 그때 내가 먼저 떠나겠다 싶어 덜컥 겁이 났다.

남편은 15일 입원하고 퇴원했다. 그리고 다시 진주의 집으로 돌아왔다. 며칠 통원치료를 하면서 남편은 빠르게 회복되었다. 걸음걸이도 정상으로 돌아오는가 싶었다. 그런데 어느 날인가 급한 마음에 버스를 타려고 달렸는데 한쪽 다리가 짧아진 느낌이라고 말했다. 그때부터 다리를 무리하면 통증을 느끼기 시작했다.

급기야 남편은 그토록 즐기던 산행을 자유롭게 할 수 없어서 따분하다고 호소했다. 그리고 남편은 진주로 이사를 가자고 했다. 집값도 싸고 평지에서 걷기도 좋다고 편한 집을 얻고 싶어 했다. 며칠 적당한 집을 물색한 결과 봉곡동의 주차장 근처에 전세 보증금을 좀 걸고 월세로 지불하는 집을 구했다. 그 집은 작은 방 2개에 부엌과 화장실이 따로 있었다. 하지만 큰 방에서 작은 방을 가려면 신발을 벗고 다시 신어야 하는 불편도 있었다. 화장실에 갈 때도 마찬가지로 신발을 벗고 신어야 했다. 아쉬움은 있었지만 남편과 내가 단둘이 오붓하게 생활하는 공간으로서는 만족했다.

“신혼살림 차린 거 같다”

좀처럼 농담을 하지 않던 남편이 집을 둘러보며 말했다.

"그래, 그런 마음으로 삽시다"

모처럼 맞장구를 치면서 웃었다.

얼마 후 어린이집을 남편에게 맡아달라고 말했다. 그리고 마산에 가서 어린이집 조무사나 교사로 일해 보겠다고 말했다. 이번에는 남편이 크게 반대하지는 않았다. 먼저 신체검사를 하려고 마산으로 주민등록 주소를 옮겼다. 내가 마산으로 주민등록을 퇴거하고 며칠 지났는데, 남편은 자기 혼자 주민등록에 등재되어 있는 것을 알아차린 모양이었다.

그날 오후 남편이 수박을 한 통 사들고 왔다. 아이들 간식을 준비하고 있었다. 다른 날과 달리 남편이 내 옆을 어슬렁거리더니 슬그머니 물었다.

"자네가 그렇게 힘들었는가? 몰랐네"

남편의 목소리가 부드러웠다.

"왜요?"

"내가 조금만 더 조심하면 안 되겠는가? … 내가 잘할게"

그때 기운이 빠져 있는 남편의 얼굴을 보면서 씽긋 웃음으로 답했다. 그토록 밉고 야속하게만 느껴지던 감정들이 조금씩 풀어지고 있었다. 남편은 내가 어린이집에서 퇴근하면 저녁을 손수 준비해 놓고 나를 기다리기도 했다. 아무리 때가 늦어도 저녁은 나랑 같이 먹어야 한다며 기다리고 있는 남편을 볼 때마다 많은 생각이 들었다.

그리고 마음속으로 다짐했다. 우리 부부가 오 형제 아이들과 가족 모두에게 우러러 보이는 모습으로 변하지 않는다면 언젠가는 소외당할 것이라는 생각이 들었다. 그런 모습을 찾으려면 산처럼 높은 덕을 쌓고 인성과 유머를 겸비한 아름다운 실버상이 되어야겠다고 거듭 다짐했다.

청산

1999년 가족의 힘으로 빚을 청산했다. 그리고 남편의 예금통장에는 매달 60여만 원의 생활비가 입금되었다. 아들 오 형제와 가족이 보내주는 돈이었다. 그 돈으로 남편은 친구들과 어울리고 모임에 나가서 밥도 사고 술도 사면서 즐겁게 지냈다.

남편의 새로운 취미생활은 컴퓨터와 인터넷이었다. 1997년부터 가족 홈페이지가 있었는데, 매일 알림 게시판을 이용해서 가족 소식을 전하며 소일했다. 특히 어린이집 월보고 서류는 남편의 몫이었다. 결국 나를 돕는 일이기도 했지만 남편에게는 유일한 낙이었고 보람이었다.

마침내 2001년 막내아들이 변리사 시험에 합격했다. 우리 가족은 하늘을 날아오르는 기쁨을 주체하지 못했다. 그러나 동네에 현수막을 걸지도 못 하고 아들자랑도 하지 못했다.

당장 막내아들 회사에 축하 화환을 보내려고 전화를 했다. 그런데 이번에도 아들이 만류했다.

"어머니, 참으세요. 안 된 사람도 생각해야지요"

"그래, 알았다"

주저 없이 아들의 말을 따랐다. 그리고 큰 종이에 '축, 합격! 변리사 정태훈' 이라고 써서 어린이집 제일 큰 방에다 붙여놓았다. 속으로 막내아들에게 '진흙 속에서 핀 연꽃' 이라고 말하며 웃고 있는데도 눈물이 쏟아졌다.

속으로 몇 번이고 뇌었다.

'장하구나, 내 아들!'

남편이 훌쩍이고 있는 내 모습을 바라보며 한마디 했다,

"아들 덕에 용상에 앉았구만 ?"

기쁨에 겨워 울먹였다. 잘 생각해보면 오 형제 모두가 고생한 결과였다. 막내도 그 어렵다는 공부를 하면서 마음고생이 많았지만 그만큼 형들의 관심과 지원의 힘이 컸다.

*

2001년에는 꼬마궁전 어린이집 설립 당시 정책지원금의 이자와 원금을 상환해야 했다. 5월과 11월에 원금과 이자를 합하면 900만 원에 가까운 돈이 필요했다. 그때는 사랑하는 아들의 배려로 매월 60여만 원이 남

편의 통장으로 들어오고 있었다. 온 가족이 모여서 협의를 했다. 그리고 가족이 모든 잡비를 줄여서 대출받은 정책자금을 갚기로 결정했다.

사실 무엇보다 흐뭇하고 고마운 일이었다. 자꾸만 그칠 줄 모르고 눈물이 나왔다. 오 형제를 교육시킨다고 이리저리 떠돌며 몸부림하던 순간이 주마등처럼 스쳤다. 오 형제가 정책자금을 상환하는데, 가만히 손 놓고 있을 수는 없었다. 1999년 2월부터는 내 힘으로 몇 번 상환을 했지만 그저 손꼽을 정도였다. 그러니까 총 10회의 상환 일자에 경제력이 더 있는 아들은 조금 더 많은 금액을 보태는 식으로 모든 절차와 처리는 막내 아들이 맡아서 했다.

엄마손어린이집의 임대 기간 6년도 2001년 2월로 종료되었고, 3월까지는 다른 곳으로 옮겨야 했다. 그때도 오 형제 힘을 모았다. 평수는 작지만 어린이집 운영에 문제가 없는 집을 구하려니까 까다롭고 힘들었다.

소통과 화목

원지에 어린이집을 옮기고 나서 조상을 모시기로 했다. 비록 살림은 풍성하지 못했지만 새해가 되면 남편과 해맞이를 하러 가고 봄이 오면 꽃구경을 다녀왔다. 여름에는 계곡으로 시원한 바람을 따라 물맞이를 다녀왔다. 가을에는 곱게 물든 단풍놀이를 하고 겨울 바다의 둥근 달을 보면서 가족의 화합과 미래를 다짐했다.

가정의 행복은 소통과 화목이라고 생각하며 살아왔다. 세상에 태어나서 형제도 귀한 정씨 가문의 여인으로 반세기를 살아왔다. 돌아보면 참 멀고 아득한 길을 잘도 걸어왔다. 하지만 여러 가지 우여곡절을 겪으며 걸어왔기에 오늘의 행복이 있는 것이다.

가난해도 오손도손 살아가는 사람들을 보면 밥을 안 먹어도 배부를 것 같지만, 사실 사람의 욕심이란 알 수 없는 것이다. 나도 모르게 짜증을 내고 투정을 부리는 건 잔 다르크를 꿈꾸던 나도 어쩔 수 없이 여자라는 생각이 들곤 했다. 하지만 온 가족의 생일과 크리스마스를 챙기고 손주의 어린이날을 챙기며 하얀 할머니가 되어가는 내 모습을 긍정하고 받아들이기로 했다.

음력 7월 21일은 세상을 떠나신 시어머니 제삿날이다. 시아버지는 날씨가 더운데 하루에 두 번 세 번 목욕을 하고 제사상에 빠진 것이 있나 돌아보며 정성껏 제사 지내는 모습을 보아왔다.

한 번은 제사를 모시다가 마른국수가 빠졌다고 당장 준비하라고 말씀하셨다. 밀가루에 물을 부어서 반죽하고 밀대로 밀고 썰어서 삶고, 다시 마른국수로 만들어내기까지 1시간도 더 걸렸다. 이처럼 제사상에 올라오는 음식은 까다롭고 힘이 들었다.

그러니까 시아버지는 넷째 아들이 태어나던 해에 세상을 떠나셨다. 그때 세상 물정 모르는 남편과 아이들만 바라보고 사는 철없는 며느리였다. 이제 명절과 제사를 50여 년째 모시고 있다. 솔직하게 말하자면 여자에게 제사와 명절은 귀찮고 힘든 것이 사실이다. 여태까지 싫은 생각도 많이 했다. 눈물 반 땀 반으로 여기까지 잘도 버텨왔다. 그러한 과정이 있었기 때문에 오 형제를 장가보내고 나서부터는 손에 물 한 방울 묻히지 않고 조상을 모시는 복 할머니가 되었다.

그러나 딱 한 가지 조상에게 송구하고 죄송한 것은 잦은 이사와 불편한 집에서 제대로 모시지 못했다는 게는 마음에 걸렸다. 하지만 가족 모두가 한마음으로 정성을 모아 모셨다고 생각한다.

집안의 크고 작은 일들은 모두 가족에게 의논하면서 결정했다. 민주적인 방식이었다. 어렵게 운영하던 어린이집 상호는 두 가지 인데, 엄마손어린이집과 꼬마궁전어린이집이었다. 상호를 지을 때도 가족 모두에게 좋은 이름을 공모를 했다. 엄마손어린이집이나 꼬마궁전어린이집 상호도 아름답고 어감이 따뜻해서 경제적으로도 잘 풀릴 것이라는 예감이 들었다.

어린이집을 꾸미고 단장하는데도 가족들의 정성과 노력을 그대로 담았다. 온 가족이 모여서 현수막을 걸고 청소하고 화합하는 모습이 내게는 큰 힘과 격려가 되었다. 물론 어린이집 경영으로 큰돈을 모으고 살림을 키워 나가지는 못했다. 어린이집을 하면서 큰돈을 벌어보겠다는 생각보다 그냥 어린이들이 좋았고, 어린이들과 함께 하는 시간들이 즐겁고 행복했다.

우리 부부가 진주로 이사 나올 때 화단에 있는 목련나무 넝쿨 장미 국화와 일년생 약초 넝쿨 수세미를 그대로 놔두고 왔다. 적당한 시기에 다시 옮겨 심을 생각이었다. 그런데 꽃과 나무들이 사라지고 말았다. 남편은 경찰서에 신고를 하고 수소문했다. 나중에 알았지만 남편과 가장 가까운 어떤 어르신이 밤새 가져가는 걸 본 사람이 있었다.

남편은 그 어르신에게 전화를 걸어 당장 나무와 꽃을 제자리에 옮겨 놓으라고 했다.

"세상 살맛이 안나! 남의 것을 함부로 하고 말야"

그 어르신은 나무와 꽃은 제자리에 옮겨 심었다. 남편은 그 나무와 꽃을 남해 고향에 다시 옮겨 심어야겠다고 했다. 그만큼 남편도 내게는 무

관심했지만 속으로는 어린이집에 대한 관심이 컸다.

한번은 시설장 보수교육이 창원에서 2박 3일 간 있었는데, 원장 없는 집에서 남편이 아이들을 대신 보살펴 주었다. 그 때도 참 행복했고 기뻤다. 남편은 이따금 나를 데리고 산행을 다녔다. 그런데 남편이 갑자기 숨이 차오른다며 통증을 호소했다. 서둘러 병원에 갔는데 기흉이라는 진단 결과가 나와서 입원을 했다. 남편은 가슴에 마른 나무 판재를 깔아놓은 것 같다고 통증을 호소했다. 그걸 숨기고 살아왔던 것이다. 또 혈압이 높은 것도 숨겨왔다. 즐겨하는 술을 마시지 못하게 할까 봐서 속였던 것이다.

남편이 한창 술을 즐기며 건강관리를 소홀했던 때는 산청군 신안면 대동아파트 관리소장을 맡고 있을 때였다. 그곳 지역 주민들과 어울려 아파트 앞에 있는 냇가에서 민물고기를 잡아서 회를 즐겼다. 그래서 황달이 오고 소변과 눈이 노랗게 뜨고 온몸이 노랗게 되어서 병원에 입원을 했던 적도 있었다.

2001년 가을 무렵이었다. 막내아들이 김해에 사는 서울대학교 동문이며 후배라는 아가씨와 9년 동안 사귀고 있었는데 그 아가씨를 우리 집으로 데려온 적이 있었다. 한눈에 그 아가씨가 영특해 보였고, 눈빛이 초롱초롱해서 남달라 보였다. 결국 양가 부모가 상견례를 하고 결혼을 했다. 당시 막내며느리가 되기 전에는 사법고시를 생각조차 하지 않고 있던 참이었다. 첫 눈에 막내며느리가 마음에 쏙 들었었다.

이별

2002년 가을 고향 남해에 홀로 계시는 시어머니께서 많이 편찮으시다는 연락이 왔다. 서둘러 남해로 달려갔다. 마침 막내 시누이가 시어머니를 간호하고 있었다. 시어머니를 보면서 깊은 생각에 잠기며 내가 편히 모시지 못했다는 죄책감이 먼저 들었다.

세상에 시어머니 같은 분을 아직 만나보지 못했다. 주어진 환경에서 아무 욕심 없이 살아간다는 것도 쉬운 일이 아니고 바로 근처에 큰딸의 보살핌을 받으면서 노후를 보내는 모습이 참 편안해 보였는데도 죄스러웠다.

1957년도 20살에 결혼을 했다. 그때 시어머니가 39세였고 그다음 해에 두번째 시누이를 순산하셨다. 우리 가족이 이동면으로 이사를 나온 뒤였다. 천방지축 철부지였던 당시는 아무것도 모르고 살았다. 그리고 그다음 해에 내가 큰아들을 집에서 출산했고 오 형제를 다 낳을 때까지 시어머니가 곁에서 산후조리를 한 달씩이나 손수 해주셨다. 그런 시어머니가 내게 안겨준 사랑과 따뜻한 마음을 모르고 그저 내 아이들과 남편만 생각하고 살아왔구나 하는 생각을 나중에야 하게 되었다. 물론 오 형제나 되는 아들을 직장 다니면서 뒷바라지하는데도 사실 내 몸 하나 건사하는 것도 내 힘으로는 벅차고 버거운 일이었다.

86세에 시어머니는 아파 누우셨다.누워계시고 보름 동안 큰딸과 서울에 있는 막내딸까지 집안일을 뒤로하고 돌보고 있다는 소식을 전해 들었지만 그러나 얼마 후 위독하시다는 소식과 함께 곧 임종하셨다. 속으로 오두막집이라도 외아들 짐 덜어드리려고 떠나시는 어머니에게 '고생 많이 하셨습니다. 어머니, 감사합니다' 라며 기도했다.

"구천에서 아버님 만나시고 행복하세요"

시어머니가 세상을 떠나시던 날, 저녁 하늘의 별을 바라보며 밤새 인사를 드렸다.

그리고 얼마 후 막내아들이 결혼을 했다. 막내아들 내외는 평촌에 작은 아파트를 준비하고 신혼생활을 시작했다. 그때 막내며느리가 사법고시를 준비한다는 말을 들었다.

그날이 2002년 5월 27일이었다. 서울에서 시설장 보수교육이 있어 교육을 마치고 집에 돌아오는데 김해 외갓집 병원에서 손자가 태어났다는 전화가 왔다. 셋째 아들 가족과 우리 부부가 저녁을 먹고 헤어졌다. 그리고 한 시간이나 지났을까? 갑자기 남편의 숨소리가 쌕쌕 하더니 얼굴색이 노랗게 변하는 것이었다. 겁이 나서 셋째 아들에게 상황을 알리고 남편을 경상대학병원 응급실로 데려갔다. 30여 분이 지나서 셋째 아들이 왔다.

일단 심근경색이라는 진단을 받고 여러 가지 검사를 하는 동안에 하필 태어난 지 3일 된 손자가 몸이 안 좋아서 경상대학병원에 입원을 해야 한다고 했다. 남편은 그날 손자의 사진을 한참을 들여다보더니 셔츠 윗주머니에 사진을 넣고는 그길로 세상을 떠났다.

2002년 5월 30일 하늘의 뜻에 따라 우리 부부의 연이 여기까지라고 생각하며 온 몸으로 울었다. 47년을 부부로 살았다. 부부사이도 좋아지고 오 형제 가족들과 함께 행복하게 살아가는 모습이 보기 좋다고 말해주던 남편이었다.

서울에 있는 삼 형제 아들 가족들이 부랴부랴 달려와서 아버지의 임종을 지켜봤다. 그래도 한국에서 제일 크다는 삼성병원에서 치료를 받았고 가족 친지와 모여서 환갑잔치를 하며 흥겨운 시간을 보내기도 했다.

남편의 입장에서 생각하면 생의 다른 여한이 없을 것 같다. 한가지 두고두고 마음에 걸린 게 있다면 아내로서 집안 살림이나 하면서 남편과 함께 하는 시간을 갖지 못한 것이었다. 나름 공부한다고 밖으로 돌고 어린이집을 한다고 가족들에게 맛있는 음식도 제대로 못 해준 것이 마음에 걸렸다. 지금도 남편을 생각하면 많은 아쉬움이 나를 공허하게 한다. 요즘처럼 살기 좋은 세상에서 그 흔한 외국 관광도 한번 못했다.

그래도 효자 아들이있었기에 가는 길이 외롭지 않을 거라 생각했다.

남편은 생전에 입버릇처럼 말했다.

“ 당신보다 내가 먼저 가야 해 !”

“언제는 한날한시에 같이 가자면서요?”

남편이 그런 말을 할 때마다 옛날에 해주던 말이 떠오르곤 했다. 남편이 떠나는 날 속으로 말했다.

“먼저 가세요, 저는 10년만 더 있다 갈래요”

남편이 떠나는 날은 따뜻했다. 우리 가족은 고향 연지 골의 시어머니 옆으로 모셨다. 그리고 구천에서라도 열심히 살고 있는 우리 가족을 잘 지켜봐 달라고 기도했다.

남편 장례를 치르고 막내아들 손자가 서울 삼성의료원으로 옮겨 심장 수술을 받았다. 생후 10일도 안 된 어린 손자가 사경을 헤매는 모습을 보면서 억장이 무너지는 것만 같았다. 남편을 떠나보낸 슬픔이 채 가시기도 전에 어린손자가 걱정되어 날마다 기도를 했다.

“부처님, 우리 손자가 부디 응급실에서 병실로라도 갈 수 있게 해 주세요”

다행히 손자는 건강이 좋아지고 눈망울도 초롱초롱 살아났다. 한 숨을 몰아쉬며 안도했다.

남편의 사십구제는 남해 화방사 옆의 작은 절에서 가족끼리 지냈다. 가족이 모두 일상으로 돌아가자 슬픈 마음을 달래려고 다시 어린이집에 몰두하기로 했다.

4부

복할머니

서울

2002년 꼬마 궁전어린이집을 운영하면서 그나마 가족의 힘으로 모든 빚이 정리되고 제법 안정을 찾아갔다. 그때 어린이집 근처의 신안초등학교 운동장에서 매일 아침 에어로빅 생활 체육을 하는 그곳에 갔다.

운동을 해보니까 몸이 달라지는 걸 느꼈다. 신기했다. 아침 운동을 다녀온 날은 기분이 좋고 몸이 가벼웠다. 그래서 산행을 시작했고 에어로빅을 하면서 동네 어머니들과 즐거운 시간을 만들어 갔다.

그때 가족들과 의논했다. 건강도 지켜야 하고 아들 가족이 살고 있는 서울로 가고 싶었다. 마침 막내며느리와 전화통화를 하다가 알게 되었다. 벌써 오 형제가 의논을 한 모양이었다. 물론 그 과정에서 여러 가지 갈등이 있었다는 것도 나중에 알게 되었다.

꼬마궁전어린이집을 다른 사람에게 맡기고 서울로 떠나온 날은 2003년 12월 15일이었다. 참 어려운 결정이었다. 어린이집은 차량을 운전하는 보육교사와 또 다른 선생 세 분에게 어린이집 운영을 맡기기로 했다. 물론 6개월 후에는 어린이집으로 돌아간다는 마음속의 조건이었다.

서울에는 아들 사 형제가 살고 있었다. 떠나오면서 의령에서 버섯재배를 하고 있는 셋째 아들에게는 미안했다. 힘든 일 이사하는 일 어려운 집안일까지 가까이 산다는 핑계로 다른 형제보다 더 많이 도와주었는데 서울로 떠나면 자주 못 보게 되어서 너무 힘들 것만 같았다. 돌이켜보면 살림 구조가 불편한 어린이집을 한다고 방 입구에 옷 보따리를 풀고 그대로 잠을 자기도 했다. 그럴 때마다 셋째 아들 마음이 불편해 할까 봐 조마조마했었다.

하지만 어린이집을 하면서 나름 보람과 성과도 많았다. 산청군청 종무식 때 경상남도 도지사 표창을 받고 부상으로 손목시계를 받기도 했다. 산청군에서 어린이집을 처음 시작하고 개척했다는 공로였다. 군청에서 우리 어린이집을 10년을 지켜보면서 평가한 결과물이었다.

그날 군수님 표창장을 받은 부녀회장들과 점심을 하면서 성취감을 새삼 느꼈다. 물론 그다음 해 신년회에서는 경상남도 적십자협회 지사장 표창을 받았다. 특히 적십자회 지부장님은 산청군에서 유일하게 물질과 마음으로 도와주신 분이다.

한번은 어린이집에 두 형제를 맡겨주신 교장 선생과 사모는 자신의 사

슴농장으로 초대했다. 그리고 녹용을 손에 쥐어주기도 했다.

"이건, 원장님 꺼다. 건강해야 어린이도 잘 돌본다"

"사모님, 제가 사야지요"

산청은 제3의 고향이다. 이웃을 위하는 일에는 무모하게 덤벼들었고 적극적으로 지원했다. 적십자 회비모금과 독거노인 위로 방문 소년 소녀 가장을 돕는 일은 물론이고 세탁과 김장 나눔 등에 우리 어린이집 차량을 빌려주고 지원했다.

뿐만 아니라 매주 한 주일을 자체적으로 환경 정비 하는 날로 정하고 어린이집 선생님들과 쓰레기 봉지와 집게를 들고 고수부지와 아이들 놀이터 주변을 돌며 환경정비도 솔선수범했다.

그러한 봉사활동이 삶의 활력이었으며 보람이었고, 행복이었다. 시간이 나면 어려운 이웃을 찾아 돌봤다. 독거노인과 소년소녀 가장의 집을 찾아 고통스러운 삶과 애환을 함께 나누면서 많은 걸 몸과 마음으로 느꼈다. 그때마다 시어머니와 친정어머니의 고독한 생애와 쓸쓸한 삶의 여정을 떠올리곤 했다. 더구나 그 무렵 나이 칠순이면 나의 부모나 마찬가지였다.

*

평촌의 막내아들 집에서 지내기로 한 때는 2003년 12월이었다. 막내며느리는 사법고시를 준비한다고 도서관과 독서실을 다니느라 바빴다.

막내며느리는 옛날에 내 아들이 공부하던 시절과는 많이 달라보였다. 막내며느리는 워낙 몸이 약해서 늘 걱정이 많았다. 주로 손자들을 데리고 놀았다. 그리고 얼마 후 서울에 살고 있는 친구들과 연락이 닿아서 자주 전화통화를 했다. 한 번은 친구들이 북한산에 가자고 전화가 왔다. 망설이고 있는 것을 알아차리고 막내아들이 내게 말했다.

"어머니, 등산복하고 신발 사 드릴 테니까, 산행하고 오세요"

"그럴까?"

일요일 아침이면 친구들과 북한산에 다녀왔다. 정상에서 내려오면서 음식도 나눠 먹으며 한동안 산행을 즐겼다. 그 재미가 쏠쏠했다. 특히 막내아들은 가정적이고 성품이 따뜻해서 공부하는 아내를 대신해서 집안일을 곧잘 도왔다.

주말에는 설거지도 하고 반찬을 만들며 세 살짜리 손자와 인형 놀이와 기차놀이를 하면서 행복한 시간을 보냈다. 손자는 제 부모를 쏙 닮아서 영특했다. 무언가 하나를 가르쳐 주면 열을 알아내는 머리가 있었다.

막내아들 집에서 7개월을 보냈다. 막내며느리의 사법고시 시험일자가 가까워지면서 정 씨 가족은 모두 숨을 죽이고 좋은 결과가 나오기만을 기다렸다. 그 절실한 마음을 안고 남해 금산의 보리암에 가서 기도를 올렸다.

마침내 막내며느리가 그 힘들다는 사법고시 시험을 치르고 집으로 돌아왔다. 막내며느리 표정이 훨씬 가볍고 편안해 보여서 좀 안도했다. 그래서 산청 어린이집으로 돌아가려고 마음의 준비를 하고 있었다. 산청 어린이집은 여전히 잘 꾸려가고 있었다. 그전 5월에 잠깐 다녀왔었는데, 어린이집을 다른 사람에게 맡겨온 터라 마음이 좀 복잡했다.

며칠 별생각 없이 막내아들 집에 그냥 눌러 있었다. 그날도 강남 봉은사에 다녀오는 날이었다. 봉은사 게시판에 붙어 있는 삼성무역센터 포스터가 붙어 있었다. 삼성무역센터 실버취업 박람회를 찾아갔다. 마침 찾아간 날이 마지막 날이었다. 남들처럼 취업지원서를 작성해서 사진을 붙여서 접수하고 집으로 돌아왔다.

그리고 그 지원서에 대해 깜빡 잊고 있었는데 그때 마침 진주에 있는 동우회 모임에서 18명의 회원이 지리산 계곡을 가는 데 따라 나섰다. 그러니까 여름 피서였다. 지리산 계곡에서 회원들과 수다를 떨며 놀고 있는데 전화 벨이 울렸다. 하지만 워낙 깊은 골짜기라서 연결이 되지 않았다. 계속 통화권 이탈지역 메시지가 뜨곤 했다.

문득 삼성무역센터에서 제출한 서류가 생각났다. 마침내 서울에서 새로운 직업을 갖게 된 것이다. 그리고 2004년 8월 10일 노인 일자리(성가정 복지관 수료) 사업 관련 기본 소양 교육을 1주일간 받게 되었다. 이제 서울의 어린이집에서 원아들과 놀이도 하면서 일을 할 수 있게 된 것이다. 참 기쁘고 행복했다. 하지만 그때까지만 해도 서울의 가족들은 전혀 모르고 있었다.

교육을 마치고 공부를 다시 했다. 아이들에게 양질의 놀이와 학습동기 부여를 해주고 싶었다. 전통놀이도 도서관에서 책으로 익히고, 인터넷으로 많은 자료를 찾아서 익혀나가기 시작했다. 그리고 음력 7월 칠석과 8월 15일, 한가위 등 우리 민속놀이도 아이들과 함께하면서 일을 즐겼다.

어린이집의 이름은 새록새록 하다. 정아어린이집, 다솔 어린이집, 명일…, 우리어린이집, 60여 명이나 되는 애지어린이집과 강동구 에 있는 어린이집 놀이선생으로 활동했다. 이를테면 공익 강사 신분이었다. 4~6세 어린이들 앞에서 놀이선생이 되어야 했던 것이다. 조금 두려웠지만 주저하지 않았다. 많은 준비를 해왔기 때문에 두려움이 없었다. 또한 글을 쓰듯 또박또박 말하는 게 표준말이라는 것을 터득하고 있었기 때문이다.

주 3회 무려 5개 어린이집을 찾아다니며 놀이선생으로 인기를 누렸다. 많은 아이들이 나를 맞아줄 때마나 삶의 희망과 가능성을 온몸으로 느꼈다. 오랜 기간 어린이집 원장을 지내면서도 미처 모르고 있던 어린이들의 마음을 체험으로 배우게 되었다. 크리스마스와 명절 예법과 차례 음식 차리기까지 놀이를 통해 아이들을 가르쳤다.

어린이들과 눈높이를 같이해야 한다는 것도 비로소 체험으로 알았다. 하지만 막내아들이 살고 있는 평촌에서 다니는 어린이집까지는 전철로 넉넉히 2시간은 걸리는 거리였다. 하지만 과거의 나는 이보다 더한 일도 당당하게 해냈다. 지난날 어린이집을 운영하면서 식단과 간식을 챙기고 어린 영아를 돌보는 일에 비하면 아무것도 아니었다.

그때는 장난감 정리는 물론 원아들의 뒷바라지까지 모든 정리를 도맡아서 해야 했다. 물론 교육 차원에서는 어린이가 알아서 자기 정리를 할 수 있도록 하는 것이 옳은 방법이었다.

어린이집을 운영할 때 가장 힘들었던 것은 아이들을 귀가시키고 정리하는 일이었다. 남은 반찬과 밥을 정리하고 청소도 해야 했다. 잡일도 많았다. 다음날 필요한 것들을 밤새 준비해야 했다. 운영하던 어린이집을 떠올리면 지금도 온몸에 전율을 느낀다.

복할머니

가족의 어른으로서 아들과 며느리, 손자들이 한마음으로 어우러지는 모습을 지켜볼 수 있다면 그보다 더한 행복은 없다.

언젠가 정 씨 가족 모두가 일산에 모였다. 사법고시에 합격한 막내 며느리를 축하하는 자리였다. 마침 고향에는 현수막이 걸리고 정 씨가문의 영광이라며 온 집안이 떠들썩했다. 그날 문득 먼저간 남편이 생생하게 떠올랐다. 속마음은 아니면서도 그런 생각을 했다.

'당신이 먼저 떠나셔서 이런 영광을 주는군요'

한없이 기쁘면서도 혼자 이 기쁨을 맞이하는 것이 마음 아팠다. 남편이 살아있었다면 더 없는 축복의 시간이 되었을 것이라는 생각에 눈물이 나왔다.

진행하고 있던 공익 강사 활동이 그해 12월로 끝났다. 다시 신청을 하고 싶었지만 그만두기로 했다.

그 무렵 막내며느리 사법고시 발표 10일 전에 둘째 아들의 도움으로 고양시 중산 마을에 조그만 아파트를 구하고 나 혼자 살림을 내고 있던 참이었다. 그러니까 2003년 12월 15일 서울에 입성하고 막내아들 가족과 안양에서 1년을 지내고 난 뒤였다.

나에게 잊을 수 없는 그날은 2004년 12월 15일이다. 둘째 아들이 나에게 아파트를 마련해주었다. 고봉산과 가까워서 주거환경으로 최적이었다. 새로 입주하게 될 아파트에 인부를 시켜 집 안 청소를 마치고 새 가구를 들이는 모습을 지켜보면서 행복에 겨워 눈시울을 적셨다. 둘째 아들은 고향에 있는 묵은 살림도 가져오지 못하게 했다. 화장실에 비데가 설치되었고 기대도 않았는데 가구와 전자제품이 모두 신형제품이었다. 평생 처음 사용해보는 전자제품들이라서 기쁨과 감사의 마음을 감추지 못했다.

이사를 들어가는 날 온 가족이 모여 조촐한 축하잔치도 열었다. 그리고 입버릇처럼 나에게 스스로를 응원하며 격려했다.

'나는 이제 복 할머니다'

정말 이제 누구보다 복이 넘치는 할머니가 된 것이다. 행복한 삶을 새롭게 시작했다. 적당한 시간에 운동을 하고 너무 서두르지 않으면서 아침을 준비하고 작은 화분들도 하나씩 사 와서 손수 물주고 가꾸면서 동화 같은 행복을 누렸다.

가족이 안겨준 위대한 선물이었다. 나의 소식은 남해초등학교 37회 동창회 친구들까지 알게 되었다. 그래서 매월 모임에 참석하기도 했다. 세상에 더없이 행복한 엄마가 되어보니까, 문득 친정 어머니의 모습이 떠올랐다.

친정 어머니는 독자 아들을 두었지만 고부간에 사이가 좋지 않아 10여 년을 홀몸으로 어렵게 생활하고 계셨다. 85세의 힘겨운 나이로 두째 딸 집에 드나들면서 논밭에 김을 매시고 쑥을 캐며 땅을 일구고 사셨다. 진주에 사는 셋째아들에게 부탁했다.

"아무 말 하지 말고, 외할머니 옷 챙겨서 모시고 오렴"

친정 어머니는 가족에게 피해가 되는 일은 원하지 않으셨다. 아니, 완강하셨다. 친정어머니를 서울의 우리 집으로 모시도록 했다.

"그래, 대업이구나"

어머니가 환하게 웃으시면서 내 얼굴을 빤히 바라보셨다. 그러나 눈빛이 예전 같지 않았다.

*

법조인의 가족이 된다는 것은 기쁨이기도 하지만 조심스러운 면이 더 많다. 나의 사사로운 생각과 행동이 며느리에게 흠이 되어서는 안 된다는 생각이 들었다. 그것이 며느리와 아들에 대한 사랑이라는 것을 깨달았다.

그해 3월이었다. 막내며느리 사법연수원 입학식에 갔다. 날씨는 춥고 쌀쌀했지만 마음은 뿌듯하고 자랑스럽고 따뜻했다. 때아니게 밤새 내린 눈이 녹으면서 교통이 좀 불편했다. 미리 준비한 꽃다발을 사 들고 택시를 탔다. 그리고 평생 꿈에나 그려보던 사법연수원에 도착했다. 마침 막내아들과 김해에서 손자의 외할아버지가 미리와 계셨다. 축하해 주는 사람들이 많이 와 있었다.

막내며느리는 입학식장에 들어가고 가족은 다른 장소에서 엄숙한 입학식을 관람했다. 사법연수원은 고시 공부보다 더 힘든 공부가 다시 또 일 년이나 계속된다는데 막내며느리의 체력관리와 손자들이 먼저 걱정되었다. 그날 안 사부인께서 멀미가 심해서 얼굴을 뵙지 못해 섭섭했다. 막내며느리가 사법연수원에 입학하고 그 가족은 일산 대화동 성저 마을 아파트로 이사를 했다. 아들은 직장이 많이 멀어졌지만 나하고는 가까워서 좋았다. 보고 싶은 손자를 언제든 볼 수 있었고 아들의 살림살이도 거들어 줄 수 있었다.

막내아들에게 당부했다.

"살림은 도와주도록 최선을 다 할게"

"고맙습니다, 어머님"

친구들과 매월 모임도 갖고 잘 지냈다. 그 다음 달 4월에는 친구들이 우리 집을 다녀갔다. 예쁜 봄꽃을 사 왔는데 참 아름답고 향기도 좋았다. 주로 컴퓨터와 인터넷을 하면서 시간을 보냈다. 언젠가 한 번은 일산의 호수공원을 가자고 해서 배낭에 물과 간식을 챙겨들고 집을 나섰다.

호수공원은 자연 그대로의 풍광을 옮겨놓은 것처럼 아름다웠다. 아름다운 눈에 아름다운 것만 보인다는 말이 거짓말이 아니었다. '그래, 아들 오 형제의 든든한 후원 때문에 세상에 하나뿐인 복할머니가 아닌가.' 생각이 여기까지 미치자 어느 틈엔지 눈에 촉촉하게 눈물이 차올랐다.

투자

50평생을 일에 쫓기며 빚으로 멍들어 살았다. 크고 작은 마음의 상처도 여전히 마음에 실루엣으로 남아 있다. 하지만 오늘까지 살아오면서 한 일에 대하여 후회해본 적은 한 번도 없다. 이제 자신을 위해 남은 생을 보내야겠다고 생각하니 오히려 시간이 지날수록 몸도 마음도 가벼워지는 걸 느끼게 되었다. 마음을 내려 놓으니 행복한 삶은 덤으로 얻은 생이라는 생각이 들었다.

남은 생을 나 자신에게 투자해보겠다고 찾은 곳이 바로 2006년 고양시 여성민우회 정치아카데미였다. 그곳에서 중년여성으로서 삶의 보람과 사회활동 영역을 넓혀보겠다고 생각했다. 민우회에서 인간이 가져야 하는 미덕의 보석 52가지를 배웠다. 감사와 결의, 겸손과 관용에 이르기까지 협동과 화합, 확신이라는 미덕을 공부하면서 삶의 의미와 가치를 새삼 깨달았다. 이를테면 확신과 굳은 믿음만 있다면 어떠한 어려움이라도 헤쳐나갈 수 있는 힘이 있다는 것이다. 자신을 신뢰하는 것, 새로운 도전을 시도하고, 긍정적인 생각과 올바른 방향을 찾아가는 지혜를 공부했다.

그렇다면 '오늘 나에게는 어떠한 미덕이 절실하게 필요한가?' 라는 마음 수련도 했다. 그 마음 수련 과정에서 인간 내면에 잠재해 있는 미덕을 일깨우고 강화시키는 52개 비츄카드가 꽃보다 아름다운 사람으로 만들어준다는 말에 적극 감동했다.

그 민우회 아카데미에서 20대부터 60대까지 여성과 보육, 정치, 여성의 문제를 주제로 토론회도 가졌다. 의회의 방청석에도 앉아보고 의회의 의원님들과 간담회도 가졌다. 그 자리에서 어느 한 가지는 성공했다고 말하고 싶었다. 아니, 감히 자부한다. 지금도 고양여성민우회원이지만 사실 적극적인 활동은 미미하다. 언젠가 때가 올 것이라 미루고 있다.

하지만 고양여성민우회 회원으로서 지역주민을 위하고 더 넓게는 지방과 나라를 위해 소소한 보탬이 되겠다는 자부심이 컸다. 그래서 민우회에서 꿈틀이 어린이집을 운영하고, 그 어린이집에서 주 1회 봉사에 참여하기도 했다. 사실 몸이 건강하기에 가능했고, 가족의 배려가 있었기에 즐겁게 참여할 수 있었다.

또 은나래 합창단 활동도 보람 있었다. 노래와 합창에도 자신감이 붙어서 일산 노인종합복지관 주간 보호센터에서 1주일에 1회씩 프로그램 봉사도 다녔다. 그때 마침 일산노인복지관에서 운영하는 학원이 있었는데, 요양보호사 자격증 취득과정이었다. 간호조무사 자격증을 소지하고 있어서 1개월 수업과 1주일 실습 과정만 마치면 자격증을 취득할 수 있는 기회였다. 요양보호사 자격증을 취득을 하겠다고 전철로 2시간 거리가 넘는 정자역까지 학원을 다녔다. 1개월 과정이었는데 하루도 빠지지 않았다. 실습 과정까지 마치고 요양보호사 자격증을 받았다. 식을 줄 모르는 열정과 도전정신을 다시금 확인하니 뿌듯했다.

백수가 과로사한다는 말을 하면서도 열심히 살림도 하고 밖에 나와서는 한 치 어긋남 없이 생활계획표대로 활동하면서 모든 일에 최선을 다했다. 그렇다고 밖에서 밥을 먹는 일은 별로 없었다.

나와 둘째 아들 가족은 고양시 일산서구 3동 후곡마을 6단지 34평 아파트로 집을 옮겼다. 그때는 아침 식사를 마치고 일상의 프로그램대로 바쁜 날을 보냈다. 일어, 스포츠댄스, 합창, 골프, 자원봉사의 길을 안내하는 인문 교양을 쌓을 수 있는 곳에 모든 시간을 활용했다. 바쁘게 사는 나에게 전화를 해서 다그치는 친구도 있었다.

"대업이, 요즘 뭐하냐?"

"응, 바쁘다 바빠!"

"얼굴이라도 보고 살자"

보고 싶다는 친구도 많고, 바쁘게 사는 나를 부러워하는 친구도 있었다. 그때마다 '나 하고 싶은 것 마음대로 해볼 거다' 라며 친구들은 한 달에 한 번만 보면 된다며 웃어넘기곤 했다. 나중에는 함께 사는 둘째 아들까지 한마디 했다.

"어머니, 이제 집에서 그냥 쉬세요"

워낙 바쁘게 살아가는 모습이 아들의 눈에는 걱정이 될 만도 했다.

"그래, 그래야지"

그때마다 고개를 끄덕여 주었지만, 열정은 식을 줄 몰랐다. 하기는 그 때 교통비가 한 달에 6만 원까지 나왔다. 문득 운동 삼아 많이 걸어야 하겠다고 마음먹었다. 가족들로부터 품위 유지비를 지원받으며 그야말로 폼 나게 지냈다. 1년에 4~5회는 가보고 싶었던 여행지를 찾았고 마음만 먹으면 고향을 다녀올 수 있는 여유를 만끽하며 일생에 황금기를 맞이하고 있었다.

그때 일산 여성 합창단이 해체되었다. 해체 동기는 단장의 투명하지 않은 업무처리라고 했다. 열정을 가지고 부지런히 참여한 합창단이었다. 일주일에 3차례 연습하여 16곡을 외우고 불러야 했는데, 그 당시 주간 보호센터 주 1회 자원봉사와 일어 고적답사반 등 프로그램 일정이 만만치 않았었다. 무엇보다 그해 10월 16일 공연 날이었는데, 가족은 물론 친구와 친인척에게도 말하지 않았다.

그날 저녁 7시 30분부터 시작한 공연은 총 4회였다. 사실 무대에 대한 두려움은 없었다. 1974년 시작한 공직생활에서부터 무대는 익숙했다. 그러나 그날은 대도시 경기도 일산이었다. 놀라울 정도로 예쁜 몸매와 건강미 넘치는 혈색으로 보라색 드레스와 굽 높은 하얀 신발을 신고 대형 무대를 걸어 올라갔다. 많은 관중이 한눈에 들어왔다. 자신감을 가져야 한다는 생각이 머리를 스쳤다. 이렇게 시작했던 은나래 공연은 2회 공연까지 성공리에 마쳤다.

그러나 사람의 욕심은 끝이 없다는 말이 생각났다. 어쩌면 혼자 살아 보는 건 어떨까, 하는 생각에서 둘째 아들에게 물었다.

"혼자 어떻게 사시겠다고요?"

처음에 둘째 아들은 말렸다.

"따로 살아야 서로 아쉬운 줄 알고, 너에게 안겨주는 부담도 없고…."

"어머님도 참?"

"이대로 있으면 노후 책임도 네 몫이 될 터인데, 그러면 내 마음이 더 안 좋지"

"알았습니다"

둘째 아들은 내 마음을 편하게 해주려고 결심을 해주었다. 인근에 도서관도 있고, 공기 좋은 성저공원 앞에 방 2개짜리 단독 주택을 얻었다. 이사를 하면서 마음에 걸리는 건 손자 둘이었다. 그래도 둘째 아들을 걱정하는 엄마 마음이라는 것을 속일 수가 없었다. 마침 둘째 손자가 중학교에 가기 위해서 내 집으로 들어왔다. 내가 살고 있는 집에서 중학교가 가까운 거리였다. 몇 개월 손자를 데리고 있었지만 밥 잘 먹고 공부 열심히 하는 똑똑한 손자가 잘도 자라주었다.

둘째 아들에게 일주일에 3회는 꼬박 후곡의 아파트로 찾아갔다. 그런데 내가 보기에는 둘째 아들이 자신의 삶에 투자하는 일에는 소홀히 하는 것 같았다. 그것이 늘 마음에 걸렸다.

어느 날은 여동생 가족이 일산 MBC방송국 드림센터에 토요일 가요무대를 보러 온다는 연락이 왔다. 마중을 나가기로 했고 아들은 방송국에서 기다리기로 했다. 그때 일가족 9명이 상경하여 일산 방송국을 찾았다. 젊음과 열정이 느껴지는 감동의 무대가 무려 2시간 동안 이어졌다. 4명의 손자들도 지루해하지 않고 즐거워했다. 그날 식당에서 밥을 먹고 경기도에 살고 있는 여동생의 아들 정민이네 집으로 9명의 가족이 이동했다. 흐뭇하고 행복했다.

그 무렵 고양예술고등학교에 다니던 큰손자 필균이가 현대무용을 전공했는데, 한양대학교에서 금상을 받았다는 현수막이 걸렸다. 중앙대학교에서는 우수상을 타고 1학년부터 3년 동안 많은 상을 받았고 졸업식에서는 공로상까지 받았다. 그 결과 한국종합예술대학교에 당당하게 입학을 하고 서초동에 원룸을 얻어서 건장한 대학생으로 독립했다.

손자 필균가 예술대학교 다닐 때 독일 현대무용 세계대회에서 금상을 받고, 군입대 면제 통보를 받았다. 가족들은 즐겁고 행복해 했다. 서울에 올라와서 경사가 이어졌다.

*

2006년 8월에는 성균관대학 여성 유도회 중앙회에서 하계수련회를 가졌는데, 산청군 단성 유도회 여성부의 단성 회장님과 연락이 닿아서 대전에서 3박 4일 서로의 아쉬움을 수련회에서 풀었다.

또 일산 구민 자치대학과정에도 참여했다. 경제적 성공과 지혜로운 삶은 꿈꾸는 자의 것이다. 포기하지 않으면 불가능은 없다고 생각한다. 자치대학에서 많은 것을 두루 배웠다. 수맥과 건강한 삶 변화하는 청소년의 의식과 부모의 역할 다시 시작하는 인생사 시와 음악 이야기 등 많은 것을 공부했다.

그런데 문득 그런 생각을 했다. 평촌과 일산에 살면서 친구를 한 사람도 사귀지 못했던 것이다. 고향 친구를 만나고 친척을 찾아보면서도 사람을 사귀는 게 쉽지 않았다. 천성이 그러하기도 하지만 낯선 사람과 쉽게 어울리는 것을 즐기지 못했다. 그래서인지 일산 구민 자치대학에서 6개월 공부하면서 본의 아니게 결석도 많이 하고 지각도 많이 했다. 그리고 2005년 11월 4일 일산 구민자치대학에서 수료증을 받았는데, 사실 수료증 받기가 민망하기까지 했다.

일산에 살림을 차리고 일 년이 다 되어가는 무렵이었다. 칠순이 몇 개월 남지 않은 몇몇 친구들이 칠순이라고 알려 와서 식사를 같이했다. 친구 미령이와 함께 강원도 원주에 사는 친구 덕례를 찾아갔다. 마침 원주 구경도 하고 치악산의 사찰도 다녀왔는데 그렇게 멀리 느껴지던 원주가 불과 1시간 30분 거리였다.

여행의 기쁨

2007년 봄 고향 소꿉친구 33명이 중국여행을 떠났다. 장난기가 그대로 묻어 있는 얼굴을 보면서 감회가 새로웠다. 인천을 떠나 다음 연결 비행기를 기다리는 공항 모퉁이가 떠들썩했고 한 친구가 자유행동에서 뒤처지는 바람에 비행기가 5분 연착하는 해프닝도 발생하였고 중국 장가게에서 발 벗은 꼬마의 형상이 아직도 머리에 맴돈다. 일급 호텔은 아니었지만 2명이 한 방에서 편하게 쉴 수 있는 깨끗하고 단정한 숙박이었다. 친구 명순이와 한 방에서 여장을 풀었다. 돌아올 때 동화 같은 친구들의 모습을 떠올리면 지금도 웃음이 절로 나온다. 잠자리를 가리지 않고 잘 자는 편이라서 식생활도 남다르게 평범해 큰 불편이 없었다. 즐거운 현지의 식사와 돌아오면서 친구들의 얼굴을 마주하며 비행기 안에서 피로를 풀었다.

이런 불편하지 않은 의식주 습관은 부모가 물려준 귀한 선물이다. 피부와 머릿결, 건강까지도 좋은 것을 다 물려주셨다.

일행은 2박 3일 중국여행에서 아름다운 추억을 남기고 돌아왔다. 그리고 고향에서 뒤풀이 잔치를 한다고 다시 모였다. 친구들은 남해초등학교 37회 답게 남해읍이 떠들썩하도록 놀았다. 사실 37회 동창들이 아니었으면 말레이시아, 싱가폴 등 외국 여행을 생각하지 못했을 것이다.

2008년에는 남해여중 동문회 임원 여행에서 친구 미령이가 회장을 맡으면서 일본여행을 추진했다. 여자 동문들이 김포공항에 모이는 날, 동창 윤미령, 이복업, 박윤희가 눈에 띄었다. 마음은 담담했다. 곱게 차려입고 저마다 여행 가방을 끌며 공항에 들어오는 선배와 후배들을 보면서 나도 모르게 환호했다.

일본 여행은 즐거운 문화체험이 인상적이었다. 기모노를 입어보고 노천탕을 오가면서 밤을 새웠다. 또 화산을 보았는데 밝은 황토색 흙에 옆으로 줄무늬를 만들며 불꽃과 연기가 피어오르고 있는 모습에서 대자연의 신비를 느꼈다.

돌아오는 비행기에서 구름 송이를 보았다. 그 아름다움은 내게 또 하나의 신비였다. 솜털 구름 사이로 굉음을 울리며 비행기가 하늘을 오르자 나도 덩달아 나도 날아오르는 것만 같았다. 그 솜털 구름을 바라보며 문득 막내아들이 떠올랐다.

어느 날 아침 막내아들이 출근을 하면서 내게 말했다.

"어머니랑 둘이서 돌담길 걸어요"

덕수궁 돌담길을 가보지 않아서 설레고 흥분이 되었다. 오후 1시가 되면서 비가 내렸다. 약속이 취소될까 노심초사하면서 약속장소에 나갔다. 그런데 막내아들이 먼저 나와 있었다. 아들이 기다리고 있다는 그 자체만으로 너무 기쁘고 행복했다. 더구나 우산을 쓰고 걷는 것을 너무 좋아했다. 마음으로는 막내아들이 고마워서 꼬옥 안아주고 싶었다. 그때 아들에게 고마움을 표현하지 못한 것이 내내 마음에 걸린다.

막내아들과 덕수궁 돌담을 걸었다. 늦은 점심 식사 장소는 6년 숙성된 김치찌개를 하는 식당이었다. 손님들이 긴 줄을 서고 있었다. 불판 위에 넓은 양은냄비가 올라왔다. 돼지고기와 김치 두부가 담뿍 채워진 노란 냄비였다. 얼른 보면 흔히 집에서 만들어 먹는 김치찌개인데 맛이 달랐다.

마침 때를 놓친 점심이라 그런지 꿀맛이었다. 땀을 들이면서 먹는 아들의 모습에서 무한한 행복을 느끼며, 그동안 살아온 생에 대한 보상을 다 받았다는 느낌을 받았다.

"고마워, 아름다운 엄마가 될게"

나중에 며느리에게 말했더니 잘했다고 하면서도 슬그머니 부러워하는 표정이었다. 이렇게 서울에 입성하여 가족들에게 지난날의 보상을 다 받았다고 생각했다. 그리고 앞으로 남은 생은 덤으로 받는 보너스로 생각하기로 마음먹었다.

여행 중에서 기억에 남는 것은 돌아오는 비행기에서 후배들과 선배들의 화목한 가정과 자녀의 성공사례를 들어보는 시간이었다. 많은 걸 느끼게 해주었고 또 앞으로의 삶을 어떻게 살아가야 할 것인지를 돌아보는 시간이었다.

김으로 그린 그림

언젠가 둘째 아들이 김으로 그림을 보여주었다. 김 두 장에 그림을 그렸는데, 예사롭지 않은 뜻과 의미를 담았다. 김 한 장에 큰 선을 둘로 나누고 반쪽은 아버지이고 나머지 반쪽은 큰형이라고 설명했다. 그리고 또 다른 김에는 나란히 4등분을 해서 둘째부터 넷째까지라고 설명했다.

그러니까 어머니의 사랑을 분량으로 계산해 놓은 뼈 있는 그림이었다. 사실 처음엔 웃고 말았다. 하지만 둘째 아들이 느끼기에 정말 그랬나 싶었다. 그렇다고 오 형제 중 어느 아들을 편애하지도 않았다. 자식에 대한 사랑을 한 쪽에 편애하는 어머니는 세상에 없다고 생각한다. 물론 둘째 아들이 장난삼아 그려놓은 그림이기에 크게 마음에 담고 있지는 않다.

그만큼 나에게 5형제 아들은 공평하게 소중하고 고맙고 사랑스럽다. 특히 셋째 아들 만훈이와 넷째 아들 일훈이는 엄마에 대한 각별한 애정과 사랑이 마음이 남다르다. 그런 셋째 아들의 마음에는 따뜻하고 정이 많은 며느리가 있기 때문이다. 어린이집을 할 때 먼 거리를 오가게 했고 고생을 많이 시켰다. 지금도 그때의 미안하고 고마운 마음이 늘 내 마음에 남아 있다. 그때 온갖 사소한 잡일은 셋째 아들이 달려들어 나를 거들어주었고 형과 동생 사이에서도 우애가 깊다. 젊어서 고생은 사서 한다는 말이 있는데, 셋째 아들은 자신의 일을 사랑할 줄 알고, 남다르게 행복한 가족을 꾸려가는 모습도 또 하나의 나의 자랑거리다. 셋째 아들에게는 예쁘고 건강한 남매가 있다. 이를테면 나의 귀여운 손자, 손녀들이다.

넷째 아들 일훈이는 남다르다. 아마 주제 넘는 생각인지 모르겠지만 넷째 아들 일훈이는 천성이 부지런하고 딸이 없는 나에게 마치 딸처럼 자상하고 섬세하다. 한마디로 화목한 가정으로서의 모범가족이다. 오 형제 모두 그러하지만 넷째아들 일훈이는 조상을 모시고 집안의 대소사를 꼼꼼하게 챙기고 있다. 그래서 넷째 아들 일훈이는 또 다른 든든함을 안겨준다. 며느리도 가족 행사 준비에 자발적이라서 가족의 우애를 위해서 남다르게 적극적이다. 부모를 닮아서 인지 넷째아들 일훈이네 가족은 두 딸이 있다. 할머니를 잘도 따르는 귀엽고 예쁜 손녀들을 볼 때마다 무한한 행복을 느낀다.

그해 가을

그해 가을은 어머니의 칠순을 기념하는 의미로 정 씨 가족이 여행을 떠났다. 경기도 용문의 가을 풍경은 그대로 살아있는 그림이었다. 몇 사람이 빠져서 아쉬웠지만 가족이 1박 하면서 즐겁고 행복한 시간을 보냈다. 오가면서 차가 좀 밀리기는 했지만 이런저런 이야기꽃을 피우면서 흥겨운 분위기였다. 지금도 생생하게 기억나는 것은 넷째아들 내외가 준비해온 밑반찬과 불고기였다. 환상적인 맛을 정성으로 담아왔었다. 강원도의 가을 풍경은 그대로 살아있는 그림이었다. 100년이 넘었다는 용문사 은행나무의 장엄한 모습과 꽃보다 더 아름다운 단풍잎은 그 빛이 영롱하고 찬란했다.

모든 게 신기했다. 새로운 삶을 사는 것 같았다. 마침 세종문화회관에서 나훈아 콘서트가 열리고 있었다. 그날 친구들 넷이서 나훈아 콘서트 티켓을 들고 한강 다리를 걸어서 건넜다. 일행은 한강 다리를 건너면서 마음껏 수다를 떨었다. 문득 진주의 남강을 떠올렸다. 그날 나훈아 콘서트 티켓은 사실 둘째 아들이 준 선물이었다. 둘째 아들 덕분에 친구들에게 근사한 선물이 되었다. 관람을 마치고 친구들과 맛있는 국수를 먹었다. 서울 시내를 누비고 다닌다는 그 자체가 신기하기만 했다.

그리고 미령이 친구와 함께 오랜만에 남해병원이 개원한 요양원에도 다녀왔다. 이렇게 가고 싶을 때 훌쩍 떠나고 쉬고 싶을 때 쉴 수 있는 이 순간이 태어나서 제일 행복하고 생기 넘치는 시간들이라는 생각을 한다. 자주 찾는 하림각의 찜질방과 도시락 오성사우나의 소금방과 찜질방은 내 건강을 돌보는 장소였으며 즐거운 시간들이었다. 건강한 정신과 건강한 생각이 건강한 몸을 만든다. 이 또한 나의 사랑하는 가족에게 감사하고 앞으로도 이웃을 위해 봉사할 기회가 많았으면 참 좋겠다.

*

2012년 2월 9일 고양시 일산을 떠나왔다. 그리고 서울시 서대문구 홍제동에 작고 아담한 달방을 구했다. 집의 규모는 작아도 전철이 가까워서 고향 다녀오기도 쉽고 북한산이 가까워서 나에게는 딱 안성맞춤으로 쾌적한 생활환경이었다. 대한민국의 수도 서울의 숨결이 느껴졌다. 모든 게 새로웠다. 주 1회 친구 삼총사는 서오릉, 삼릉, 일산 호수공원을 산책하며 건강관리를 하며 지냈다.

그때 손녀가 영국 교환 학생으로 떠났다는 희소식을 들었는데 기쁘고 행복했다. 그러나 새삼 나이 들어가는 나 자신을 돌아보기도 했다. 그래서 무언가를 두리번거리며 찾았다. 마침 살고 있는 집 앞 게시판에서 문화예술정보가 한눈에 들어왔다. 그 내용을 보고 본격 취미생활을 시작했다.

그런데 이듬해 2013년 4월 부산에 있는 친구가 서울에 있는 친구 윤미령이와 나를 초청했다. 미령이와 설레는 마음으로 여행 가방을 준비해 KTX를 타고 부산으로 달렸다. 마중 나온 친구들과 서로 얼싸안고 어쩔 줄 몰라 하며 기뻐했다. 일행은 해운대 바닷가에 가서 해산물과 맛있는 부산 음식을 먹으며 바다에 발을 담그고 해운대의 일몰을 바라보았다.

호텔에서 1박하고, 이튿날은 부산 친구의 성화에 못 이겨 친구 집으로 갔다. 세월이 흘러도 부담 없고 마음 편한 소꿉친구 서로를 너무 잘 알기 때문에 우정은 뜨거웠다. 친구 집에서 손수 말려 놓은 생선을 보고 모두들 놀라서 환호하기도 했는데 지금도 그때 그 순간이 그립고 행복하다. 고향의 소꿉친구는 그래서 더욱 좋다.

그리고 서울에 올라와서 서울 노인종합복지관에서 영화학교 6개월 과정 입문반에 등록하고 남녀 18명의 시니어들과 함께 공부했다. 그림을 그리고 사진 촬영을 하면서 새로운 취미에 빠져들었다. 그때 글쓰기도 했는데 '연꽃이 진흙에서 피다' 라는 주제로 글을 쓰고 집에서 사진 자료들을 뒤적이며 편집까지 했다. 모두들 능숙하지는 못했지만 마음은 여전히 20대에 머물러 있었다. 마침내 6개월 만에 제작한 영화 시사회까지 마치고 보람을 느끼는 시간이었다. 여기에는 사회복지사들의 세심한 지도와 사랑이 있었다.

*

2004년 봄, 고양시민이 되었지만, 서울과 고양시를 오가면서 취미생활을 계속했다. 주로 복지관과 백화점 문화센터 강좌를 많이 활용했다. 사실 요즘도 나의 일상은 바쁘고 스케줄이 촘촘하게 짜여있다.

요즘은 매주 목요일 일산복지관에서 고전무용을 배우고 있다. 좀 서툴고 실수도 연발하지만 사실 결과와 성과보다는 열심히 최선을 다하는 그 과정을 즐기는 스타일이다. 그래서 스트레스를 받지 않는 편이다.

2018년 여름, 우연히 롯데백화점 문화센터 프로그램에서 시 창작 '아름다운 언어' 강좌를 발견했다. 《한맥문학》에서 시 부문 신인상을 받은 나에게는 익숙한 강좌였다. 더구나 서대문 노인복지관 시창작 반에서 정찬우 교수님을 만났고, 자서전반에서 '과거로의 여행' 이라는 자서전을 약식으로 출간한 경험도 있었다. 무엇보다 독서와 글쓰기는 어려서부터 무척 즐겨하던 취미였다.

롯데백화점 여름학기에 등록을 했다. 강사는 나정호 작가였는데, 사실 첫 수업을 들으며 후회했다. 내가 배우고 알고 있던 글쓰기와 너무 달랐으며 무엇보다 어려웠다. 그만 포기하고 싶었다.

그런데 그 강사가 나의 둘째 아들 같아 보였다. 몇 차례 강의를 듣는데, 재미도 있었지만 그동안 써온 글이 부끄럽다는 느낌이 들었다. 나정호 강사는 좋은 글을 쓰는 것보다 좋은 글을 정확하게 볼 줄 아는 능력을 가르쳐 주셨다. 강의를 들으면서 글쓰기에 대한 눈이 열리게 되는 계기가 되었다.

무엇보다도 나정호 강사의 강의를 들으면서 깊이 있는 글을 볼 수 있는 이해력이 생겼고 정확한 글쓰기 방법에 대해 공부할 수 있는 기회가 되었다. 그래서 가을학기 때는 써 놓은 자서전 '과거로의 여행'을 다시 정리해서 멋지게 출간하고 싶은 욕심도 생겼다.

자서전을 준비하고 있는 사실은 아무도 모른다. 바쁘게 살고 있는 가족들에게 알려서 괜한 짐을 안겨주고 싶지 않은 것이 솔직한 내 마음이다. 하지만 나중에라도 '가족들이 섭섭하게 생각하면 어쩌지?' 라는 생각이 든다.

꽃망울 우정

지나가 버린 것은 아름답다. 꽃은 피었다가 사라져도 그 꽃망울에 대한 기억은 여전히 우리 마음속에 향기를 품어내며 피어난다. 나에게도 그런 꽃망울 같은 시절이 있었다. 지금은 몸도 마음도 너무 멀리와 있지만 그 시절 친구들을 떠올리면서 눈시울을 적신다.

그러니까 남해초등학교에 다닐 때 많은 친구 중에 윤미령, 최국희, 조정은, 박연자가 떠오른다. 또 다른 친구들도 많았지만 우리들은 유별나게 가깝게 지냈다. 미령이 친구의 아버지는 남해초등학교 교장 선생님이었다. 그래서 미령이는 교장 사택에서 살았다. 우리는 주로 미령이가 사는 교장 사택에서 놀았다.

우리 다섯 친구들은 서로 한 몸이 되어 다녔다. 부모님들도 남해읍에서 꽤 잘사는 집안의 딸들이었다. 나는 물론이고 다른 친구들도 남해읍에서 노른자 집터에서 살았으니 모자랄 것 없이 사는 집안들이었다는 점에서 공통점이 있었다. 당연히 가정교육도 풍요했다. 공부는 물론이고 하나같이 무용, 음악 성적까지 우수했다.

국희 아버지는 의사였다. 남해읍에서 최의원은 유명했다. 국희는 형제가 참 많았다. 형제가 많은 국희가 많이 부러웠다. 그 시절 아침이면 국희가 우리 집 앞에서 나를 부르곤 했다.

"대업아, 학교 가자!"

그때마다 밥숟가락을 던지고 뛰쳐나갔다. 그만큼 친구를 좋아해서 또 다른 친구들의 부러움을 많이 샀다.

그 시절에는 대가족이 많았다. 특히 친구 미령이는 9형제에서 셋째 딸이었는데, 양친 모두 선생님이셨다. 미령이는 유별나게 자기 아래 동생들을 잘 보살폈다. 줄줄이 어린 동생들을 번갈아 등에 업고 놀아주고, 공부도 열심히 했다. 그러면서도 미령이는 항상 내 편에서 용기도 주고 격려도 해주고, 위로도 해주는 좋은 멘토가 되었다.

문득 미령이가 떠오른다. 1973년 당시 여러 가지로 많이 힘들었다. 당시 공무원 교육원에서 연수교육을 받을 때였다. 그때 미령이네 집에서 하루 묵게 되었다. 어린 시절 친구가 서로 어른이 되어 다시 만났는 데 미령이는 어린 날 그 모습 그대로였다. 이튿날 미령이 집에서 나오는데 울컥했다. 미령이가 내 손에 슬그머니 쥐여 준 돈을 받아들고 주머니에 넣지 못하고 쩔쩔맸다. 마구 울고 싶은 마음이었다. 그 무렵의 나는 경제적 상황이 이만저만이 아니었다.

미령이가 준 돈을 주머니에 넣고 버스에서 한참을 만지작거렸다. 그리고 속으로 몇 번이고 말했다.

'미령아, 내 마음 알지?'

세상에는 많은 친구 관계가 있지만 마음을 열어놓고 함께 추억할 수 있는 사람을 만나기는 쉽지 않다. 평생 잊지 못할 친구들이 참 많다. 이렇게 건강하게 살아가는 에너지는 좋은 친구들의 응원과 격려 때문이라고 생각한다.

부산에 살고 있는 조정은 친구는 다복한 가정을 꾸리며 잘살고 있다. 2013년 5월이었다. 정은이가 서울에 살고 있는 친구들과 나를 부산으로 초청했었다. 우리는 해운대에서 2박 3일을 보냈다. 집에 돌아오면서 나는 정은이랑 보냈던 어린 시절을 떠올렸다. 어린 시절 우리 친구들은 모두 정은이 집에서 모여 놀았다. 한 이불에 나란히 발을 넣고 숙제를 하면서 함께 꿈을 키우던 시절이 있었다.

정은이 부모님은 효성이 극심한 어른이었다. 정은이 아버지는 진주에 따로 살고 계셨는데, 어머니 혼자 할아버지와 할머니를 모시는 모습을 우리는 많이 보았다. 그러면서 어른을 모시는 정성과 효심을 눈으로 배웠다.

무엇보다 정은이는 나의 은인이기도 하다. 장남 상훈이가 부산대학교에 다닐 때 정은이 집에서 아르바이트 명목으로 공부를 했는데, 정은이가 자기 아들처럼 잘 보살펴 주었다. 생각해보면 정은이도 참 고맙고 사랑이 많은 친구이다.

어린 시절 경쟁 상대가 있다는 건 참 다행한 일이다. 그것도 성적으로 경쟁을 하며 우정을 키워나간다는 것은 그야말로 쉬운 일은 아니다. 내 친구 중에 김덕례라는 친구는 나와 생년월일이 같았다. 그래서 더욱 친해질 수 있는 계기가 되었다. 나중에 알게 되었지만 덕례는 어머니가 안 계셨다. 어린 마음에도 늘 덕례가 안쓰럽게 느껴졌다.

하지만 덕례는 항상 기죽지 않고, 엄마 없는 외로움을 표현하지도 않았다. 언젠가 덕례의 부부와 우리 부부, 그리고 친구 영숙이와 지리산을 다녀왔다. 우리는 지리산 봉전암에서 추위에 떨며 어린 시절 이야기를 나눈 적이 있다. 그 이후로 덕례를 따라서 설악산을 다녀온 적이 있는데, 생애에 참 아름다운 추억여행이었다.

어린 시절 친구들을 만나서 옛이야기를 나눈다는 것은 행복한 일이다. 그러나 세상을 먼저 떠나버린 친구들의 소식을 들을 때 마다 밤새 잠을 이루지 못한다. 친구 중에 박연자라는 친구가 있는데 존경하는 은사님의 딸이었다.

연자는 예쁘기도 하지만 두뇌가 명석하고 똑똑한 친구였다. 그래서 남들 보다 빨리 사랑을 알았는데, 그 이른 사랑은 균열이 가고 가슴앓이를 많이 했다. 그리고 얼마 지나지 않아서 세상을 떠나고 말았다.

'덕례야, 많이 보고 싶다'

일생을 살아가면서 더 이상 만날 수 없는 사람이 있다는 건 또 하나의 상처로 남는다. 그래서 남아 있는 친구들과 언제든 전화통화를 하고 안부를 묻는 것만으로도 행복하다는 걸 느끼며 산다.

여기까지 살아오면서 우여곡절이 참 많았다. 오르막과 내리막길을 오르내리면서 생의 굴곡에서 냉대도 많이 받았고 마음의 상처도 많이 받았다. 그때마다 곁에서 격려해주고 위로해주는 친구가 있다.

김송이 친구는 언젠가 내게 말했다.

"너, 그렇게 사는 것 매우 정상이야!"

송이는 믿어주고 대변해주면서 마음으로 응원을 많이 보내준 친구이다. 누군가 나를 위해 응원해주는 사람이 있다는 것 또한 커다란 행운이다. 세상에서 친구만큼 위대한 명약은 없다고 생각한다.

또 산청에서 어린이집을 운영하면서도 어려움이 많았다. 그때 남해에 살고 있던 친구 양계순이가 많은 도움을 주었다. 그 먼 곳까지 마다하지 않고 어린이집 차량을 운행해 준 친구이다. 어려울 때 마다하지 않고 달려와 줄 수 있는 친구가 있다는 것도 내게는 행복이고 희망이며 삶의 원동력이다.

언제가 계순이가 신토불이 특산물을 나누어 먹어야 한다며 내가 살고 있는 서울까지 그 특산물을 택배로 보내왔다. 그 박스를 열면서 계순이의 정성과 따뜻한 마음이 내 마음을 훈훈하게 했다.

살다가 보면 누구에게나 위기가 있다. 그 위기의 순간에 당황하고 있을 때 불쑥 떠오르는 얼굴이 바로 흑기사다. 나에게 흑기사가 되어준 친구는 최봉민이라는 남자친구이다.

그때 은행에서 보증인이 있어야 한다는 말을 듣고 은행 문을 나서는데, 왜 하필 최봉민 친구가 떠올랐는지 모르겠다. 그 친구가 보증인이 되어 달라는 말에 놀랍게도 불쑥 나타나서 선뜻 보증인이 되어주었다. 부탁하는 자체도 황당하고 머쓱했는데, 내가 부끄러워 할까봐 오히려 조심스럽게 대해주던 친구이다. 그때의 고마움을 아직 갚지 못한 것 같아서 내 마음에 늘 아쉬움으로 남아 있다.

나는 유별나게 사람을 좋아하고 믿는다. 좋은 친구가 많아서 일일이 적어낼 수도 없다. 생각해보면 내가 이만큼 행복하게 살아가는 원동력은 모두 좋은 친구들의 응원과 사랑과 격려가 있었기에 가능했다고 나는 생각한다.

아무리 손을 꼽아 봐도 지면이 부족한 이름들이다.

이태권, 김영조, 이처기, 임주성, 유창식, 이해찬, 박만일, 김영숙, 이복업, 박연자….

사랑하는 아버지, 어머니!

아버지(김동운, 1903~1957)는 경주 김 씨 경순왕 63대손으로, 김자, 동자, 운자이시고, 경남 남해군 이동면 다정리에서 5남 1녀 중 넷째 아들로 태어나셨다. 아버님은 33세에 어머님과 혼인을 하시고, 인쇄업을 하셨다. 당시 인쇄업이 번창하여 많은 재산을 모으셨다.

아버님과 어머님 사이에서 나는 첫째 딸로 태어났다. 그때 아버님은 34세였다. 그리고 남동생 4명이 태어났지만, 1종 전염병인 홍역으로 모두 사망하였다. 당시 아버님은 인쇄업을 하시다가 가죽공장을 경영하셨다.

그런데 6.25사변이 일어나면서 가죽공장이 모두 불바다가 되었고, 생활이 어려워지면서 시골 마을 이동면 용머리로 이사를 했다. 그곳에서 여동생 귀업과 남동생 영철이가 출생했다.

가난한 가정환경이었지만, 나는 아버지를 잘 따랐고, 존경했으며 아버지의 성품을 그대로 닮았다. 그래서 아버지에 대한 특별한 기억들이 많다. 그때 나는 18세였다. 남해군 이동면 다초초등학교에 강사로 근무하고 있었다. 언젠가 다초에 있는 신작로 길을 아버지와 함께 걸었다. 그날도 학교에서 늦게 돌아오는 길이었는데, 아버지가 마중 나와 계셨다. 아버지와 함께 2km 남짓 한 길을 걸었다. 아버지에게서는 특별한 냄새가 있었다. 바로 소나무와 참나무에서 뿜어져 나오는 향기였다. 그래서 숲길을 혼자 걸어도 아버지 냄새가 솔솔 풍겨오곤 했다.

아버지와 도란도란 이야기를 나누며 걸었다. 다시는 돌아갈 수 없는 아버지와 소나무와 참나무 숲길, 두 번 다시 돌아갈 수 없는 줄 알면서도 자꾸만 그 신작로가 떠오른다.

아버지는 예능에 능하셨다. 북을 치시며 시조를 읊으시며 애환을 달래셨다. 이따금 약주를 드시고 '홍도야, 울지 마라' 를 부르실 때 아버지의 눈빛은 촉촉했다. 그런 아버지는 내가 의사가 되기를 바라셨지만 사실 어려서부터 나는 잔 다르크를 꿈꿨다. 그런 큰 꿈이 있었기 때문에 공부도 제법 잘했다. 우등상과 개근상을 타오면 누구보다도 아버지가 무척 기뻐하셨다.

하지만 가난한 살림에 고등학교에 진학을 못 하게 되자 아버지를 원망했다. 돌이켜 생각해보면 의사를 만들고 싶은 딸을 학교에 보내지 못하는 아버지 마음은 어땠을까 나보다 더 괴롭고 힘들었을 것이라는 생각이 든다. 그런 생각을 하는 데까지 너무 많은 시간 아버지를 원망했다.

아버지는 세상을 살아가는 능력을 갖춰야 하는 것이 사람의 도리라고 가르치셨다. 빈 몸으로 세상에 던져져도 당당하게 살아갈 수 있는 능력을 가져야 한다고 누누히 강조하셨다. 그 뿐만 아니라 품행이 단정해야 한다고 말씀하셨다.

요즘도 소나무와 참나무를 보면 아버지 냄새가 난다. 그리고 금방 눈빛이 촉촉해진다.

*

어머니 (김종분, 1916~2002)는 경남 남해군 서면 서상리에서 3남 4녀 중 둘째 딸로 태어나셨다.

외갓집은 5칸짜리 위채와 별채가 있는 큰 집이었다. 우리 4남매가 외갓집에 가면 외할아버지가 용돈도 쥐어주시고 외할머니는 맛있는 음식을 내어주셨다.

어머니는 당시 혼인 문화로 보면 늦은 나이에 결혼하셨다. 어머니가 21세에 결혼을 하셨는데, 나를 출산하실 때 어머님은 22세였다.

자라면서 우리 형제들은 서면 서상리 외갓집을 자주 다녔다. 20리 나 되는 먼 길이라서 주로 읍에서 서상면 서상면에서 읍까지 택시를 타고 다녔는데, 지나는 길에 넓은 들판과 녹음이 짙은 산들의 풍광이 참 아름다웠다. 하지만 내가 중학교 1학년 때 6.25전쟁으로 살림이 기울어지면서 어머님은 크게 상심하시고 앓아 눕는 날들이 많았다. 뿐만 아니라 가사를 탕진하고 그 충격으로 아버지가 실명까지 하셨는데, 어머니가 아버지를 돌봐야 했다. 결국 아버지가 54세에 돌아가시면서 어머니가 가장이 되어야 했다. 그때 여동생 춘업이가 12살, 남동생 영철이가 6살이었다.

어머니는 늘 외로운 분이셨다. 결혼을 해서 먹고 사는 일에 신경을 쏟는 사이에 제대로 모시지도 못했다. 그래도 나의 남편을 아들처럼 생각하시고 많이 의지하시면서 지내셨다. 어머니는 아버지가 세상을 떠나시고 홀몸으로 15년을 사시다가 요양원으로 들어가 지내셨다.

생전에 쇠고기와 돼지고기를 즐겨하시는 어머니는 가난한 살림에도 밥상에 고기는 자주 올라왔었다. 그렇다고 어머니에게 별다른 취미는 없었다. 그저 기분이 좋으시면 흥얼거리셨다. 그것이 무슨 노래인지는 모르나 아버지가 시조를 읊조리시면 따라 흥얼거리시는 게 전부였다.

어머니와 꼭 목욕탕을 같이 다녔다. 그만큼 어머니와 깊이 있게 통했다. 그런 어머니에게 고등학교 진학 문제로 마음 아프게 해드린 게 지금도 후회된다. 어머니의 생활 신조는 모두 자신의 탓이라고 여기셨다.

어머니와 우리 3남매가 남해군 노량에 있는 콘도에서 1박 한 적이 있다. 그것이 우리 가족의 마지막 시간이었다. 그때 동생이 어머니를 업어드렸고 노래도 하고 맛있는 음식을 먹으며 즐거운 시간을 보냈다.

남편

남편은 무뚝뚝하고 말이 없다. 속내를 드러내지 않지만 마음으로는 나를 무척 아끼고 사랑했다. 언젠가 남편이 내게 말했다.

"우리 한 날 한 시에 손 꼭 잡고 세상 뜹시다"

그때 고개를 끄덕이면서도 속으로는 웃었다. 아니 말도 안 되는 소리라고 말해주고 싶었다.

'치, 저세상까지 나 데려가서 또 얼마나 고생시키려고?'

속으로 중얼거리며 말을 삼켰다. 남편은 그런 내 속마음을 모르고 환하게 웃었다. 남편의 무뚝뚝하고 남자다움을 사랑했다. 남편으로서 존중했고 아들 오 형제의 든든한 아버지로서 자랑스러워했다.

남편은 차거 운 신발을 늘 부뚜막에 올려놓고 이른 출근길에 따뜻한 신발을 신고 가도록 했지만 정작 고맙다고 말 한마디 한 적이 없다. 아니, 뒤도 돌아보지 않고 대문을 나서곤 했다. 지금은 내 곁에 없는 남편이지만 출근길에 젖은 신발을 말려주던 사랑의 온기를 느끼고는 있는지 모르겠다.

남편은 마음속으로는 한없이 따뜻하고 정감이 풍부한 남자였다. 이따금 늦은 아침에 부산을 떨면 손수 밥상을 차려 와서 따뜻한 국물에 밥을 말아 호호 불어주며 내 손목을 끌어다 앉혔다.

'한술 뜨고 가'

그런 날은 하루 종일 비행기를 타는 기분이었다.

1977년 의곡사에 기도 참여하려고 새벽에 집을 나서야 했다. 단잠에 빠져있던 남편을 흔들어 깨웠는데 불평 한마디 하지 않고 의곡사까지 데려다주었다. 그 새벽길에 나를 데려다주고 돌아가는 쓸쓸한 뒷모습이 아직도 생생하다.

남편은 주장이 강하고 고집이 완강했다. 하지만 손재주가 좋고 품행이 깔끔해서 가족에게는 엄격한 가장이었다. 그러나 이웃이나 타인에게는 그야말로 호인이었으며 자기 몫도 못 챙기는 어설픈 구석도 있었다. 특히 속으로 외로움을 많이 타는 남편은 내게 말했다.

"자네는 어머니가 계셔서 좋겠네…, 우리 어머니가 살아계신다면 지구 끝까지라도 찾아가겠구만…."

남편은 평생 어머니에 대한 그리움을 그렇게 가슴에 묻고 살았다. 자신의 감정을 속으로 삼키면서도 어머니를 잊지 못하는 모습을 곁에서 지켜보면 내 마음이 더 아프고 미안했다.

특히 아들 오 형제에게는 무섭고 엄격한 아버지였지만 그 속마음은 오직 가족에 대한 사랑으로 가득했다. 어린 나이에 어머니를 잃고 나서 그 상처가 평생 아물지 않았던 것이다.

"부모 없는 자식은 만들지 않을 거야"

한 여자의 남편으로서 오 형제의 아버지로서 자기 책임을 다 하려고 남모르게 헌신했고 최선을 다했다. 어려운 살림에 끼니를 걱정하던 시절에는 가족들이 모르게 장례 준비를 하는 곳에 가서 염습을 한 적도 있었다. 이후에 우체국 전신 전화국 대동공업사에서 근무했다. 직장에서도 표창장과 공로패 감사패도 많이 받을 만큼 책임감이 강하고 성실한 사람이었다.

동물이나 사람이나 자기 짝을 잃어 보면 안다. 남편을 떠나보내고 내 한쪽 몸을 지탱하고 있던 기둥이 쓰러지는 기분이었다. 다시는 내 곁에 돌아오지 않는다는 현실이 너무 힘들게 했다.

그런 남편이 세상을 떠나기 전에 입버릇처럼 꾸짖었다.

"아들 다섯이 매달 생활비 주는데 인제 그만 사서 고생하지마!"

어린이집을 운영하는 것을 그토록 못마땅해했던 것이다. 당시 아들 5형제가 매월 60만 원을 보내주고 있었고 우리 부부가 경제활동을 하지 않아도 생활은 넉넉했다. 그래서 세상을 떠나기 전까지 어깨에 힘을 주고 살았다. 친구들에게 술과 밥을 사고 여러 모임에도 적극적으로 참여하면서 여유를 찾으며 살았다.

유별나게 먹거리를 즐기던 남편은 별다른 취미도 없고 그저 과음과 폭

식을 즐겼다. 그것이 건강에 적신호가 된 것이다.

이제와 곰곰 생각해보면 남편은 나를 아끼고 사랑했다. 한생을 같이 살다가 손잡고 같이 떠나자고 하던 남편은 2002월 5월 30일 심근경색으로 세상을 떠났다.

몸도 마음도 오래도록 춥고 떨리는 날이었다.

여동생 춘업

'춘업아!'

아버지는 늘 여동생을 귀업이라고 불렀다. 세상의 모든 아버지가 그렇지만 아버지 눈에는 여동생 춘업이가 정말 귀엽고 소중한 딸이었다. 여전히 나에게는 어리고 순종하고 철없는 동생이다. 몸도 마음도 고생이 많았지만 자녀를 잘 키워냈으니 동생도 편안하게 숨을 돌릴 수 있어서 나는 더없이 기쁘다.

돌이켜보면 여동생에게 큰 빚이 남아있다. 부산에서 장남 상훈이를 데리고 어렵게 살고 있을 때 아버지와 여동생 춘업이가 푼푼이 모은 저금 통장을 털어서 부산으로 부쳐주곤 했다. 지금도 그때의 고마움과 미안함이 모두 마음의 빚으로 남아 있다.

생각해보면 동생에게 좀 얄미운 언니였다. 동생이 지금의 제부와 한

참 사귀고 있을 때 동생의 머리를 쥐어박곤 했었다. 이제와 돌아보면 웃음도 나오지만 마음이 많이 아프다. 하지만 그 때의 일들을 동생이 까맣게 잊어버렸으면 좋겠고 아주 기억에서 살아나지 않는다면 더욱 고마운 일이다.

그리고 둘째 아들 종훈이가 서울대학교 입학하기 전에 동생이 얼마간 돌봐주었다. 그 좁은 집에서 불편할 만도 했지만 불평 한마디 하지 않았다. 동생에 대한 기억들을 잊지 않고 있다. 동생은 한없이 여리고 온순했다. 그래서 어머니에게도 극진했었다. 바쁜 직장 생활을 하면서도 남해에서 진주까지 어머니 반찬이며, 쌀을 가져다 나른 게 한두 해가 아니었다.

공들여 쌓은 탑은 무너지지 않는다. '고맙고 기특하고, 사랑스러운 동생, 춘업아! 이 언니도 너도 웃으면서 수다 떠는 일만 남았구나. 우리가 더 늙어가기 전에 동생 영철이랑 즐겁고 행복한 시간 많이 만들자'

남동생 영철

남동생 영철이에게는 할 이야기가 많다. 우리에게 운명이라고 단정하기에는 너무도 억울한 일도 많다. 남동생의 큰누나로서 부모의 맏잡이였다. 그런데 우리 집안에 유일한 아들이라는 이유로 항상 외롭고 나에게도 실망이 컸을 것이다. 이제 와서 새삼스럽게 변명을 늘어놓자면 동생 영철이가 우리 집에 왔을 때 죽이 되거나 밥이 되거나 함께 살았으면 더욱 좋았을 것이라는 생각을 해본다. 그랬다면 가까이에 동생을 두고 관심을 많이 가져 주었을 것이다.

'영철아, 미안하구나. 이 누나를 많이 원망했지?'

생각해보니, 조카들에게도 제대로 해주지 못했다. 나중에 시간이 더 지나면 고모로서 조카들에게 뭐라고 변명해야 할지도 걱정이 앞선다. 그러나 아무리 사나운 태풍도 시간이 지나면 잠잠해지는 법이다.

'사랑하는 동생 영철아, 햇살 좋은 날 우리 만나서 못다 한 이야기 나누자'

파주 야당에서

내가 살고 있는 곳은 파주시 야당이다. 야당역에서 걸어서 몇 분 거리에 빌라와 주택단지가 있는데, 대도시의 고층 아파트 숲보다 한적하고 조용해서 살기가 참 좋다. 둘째 아들이 2017년도에 3층으로 지어올린 집인데, 나는 2층에 살고 있고, 아들 가족은 3층에 살고 있다.

지금 이 집의 마당이 너무 좋다. 마당은 나의 정겨운 놀이터가 되어준다. 봄이면 집을 둘러싸고 있는 나무 사이로 풀꽃들이 자라난다. 나무와 풀꽃 사이에 상추와 고추를 심고, 호박넝쿨을 보면서 자연과 생명의 신비를 새삼 느끼며 살고 있다.

요즘도 나는 바쁘다. 아침에 일찍 눈을 뜨면 마당에 나가서 나무와 풀잎들과 인사를 나눈다. 올여름 아름드리 우거지던 잎새들이 떠나고 앙상하게 서 있는 나뭇가지를 바라보며 세월이 참 빠르다는 걸 느끼곤 한다.

세월이 빠른 만큼 나도 제법 바쁘게 산다. 워낙 가만히 앉아 있는 성품이 아니라서인지 일단 집을 나와서 외부활동에 적극적인 편이다. 어제는 옛 친구를 만나러 양재동을 다녀왔다. 야당역에서 양재역까지는 한 시간이 훨씬 넘는 거리지만 지칠 줄도 모르고 잘도 찾아다닌다.

십여 년 전부터 일산 롯데백화점 문화센터 강좌에 참여하고 있다. 2009년도에는 한국무용 라인 댄스를 배웠다. 문화센터를 오고 가면서 자투리 시간이 남았다. 자투리 시간을 활용하기로 하고 백화점 9층에 있는 서점의 독서 방을 찾았다. 신간 서적을 판매하는데 백화점 고객을 위해 마련해준 서비스공간이었다. 그곳에서 많은 책들을 읽었다.

책을 많이 읽으면 글이 써지게 된다는 말은 틀린 말이 아니다. 책을 읽으면서 좋은 문장은 따로 메모하고, 마음에 와닿는 문장은 밑줄을 그어가며 읽게 되면서 새로운 습관이 생겼다. 글쓰기가 새로운 취미로서의 도전이 된 것이다. 노후의 취미생활을 책과 함께하고 싶은 의욕이 앞섰지만 눈이 피로해지고 장시간의 독서는 무리였다. 그러나 중도에 그만두고 싶은 마음은 아니었다. 무언가를 시작하면 끝을 보고 마는 나의 성미에 포기는 자존심이 허락하지 않았다. 오히려 많은 수필과 시를 읽고 옮겨 쓰는 과정에서 문학에 눈을 뜨기 시작했다. 과도한 욕심인 줄 알면서도 책을 놓지 않았다.

어쩌면 글쓰기가 나의 운명인지도 모른다는 생각이 들었다. 그리고 본격적으로 도서관을 찾기 시작했다. 특히 대화동의 성저도서관과 화정도서관에서의 자원봉사활동은 새로운 삶의 의미와 가치를 안겨주는 계기가 되었다.

무엇보다도 늦은 나이에 더욱 성숙한 나를 발견하는 기회가 되었다. 인간으로서 성격은 태어나면서 운명으로 결정되지만, 인간에게 삶의 중심은 진실한 사랑이어야 하고, 부모가 자식을 사랑하는 방법에 따라 자식의 장래가 좌우된다는 삶의 지혜와 깊이를 일깨우게 되었다.

그리고 글쓰기 활동은 점차 넓어졌다. 서대문노인복지관에서의 정찬우 교수님과의 만남, 서울복지관에서의 영화반 프로그램도 참 의미 있고 행복한 추억을 안겨주었다. 안국동 일대를 산책하며 사진 촬영에 대한 이론을 공부하고 사진기술도 배웠다. 그리고 한복을 입고 '갑돌이와 갑순이' 를 주제로 연극 무대에 오르기도 했다. 그때 각자의 대본을 만드는데 제목은 '진흙 속에 핀 꽃' 이 나의 주제였다. 그러나 처음에 '진흙 속에 핀 모란' 이라고 하고 싶었다. 이십여 분의 분량이었는데 대본을 적어가면서 너무도 많은 눈물을 흘렸다. 지난 시간들이 영화필름처럼 펼쳐졌다.

마침내 탑골 영화관에서 영화상영이 있는 날, 두 친구를 초대했다. 함께 영화를 보면서 부족한 점도 발견되었지만 마지막 장면에서 '영화제작자 '김대업' 이라고 쓰여 있는 자막이 올라갈 때의 가슴 뭉클한 성취감과 감동은 아직도 긴 여운으로 남아 있다. 앞으로 기회가 된다면 가족에 대한 영화를 제작하고 싶다.

영화제작 체험을 하면서 자서전을 쓰고 싶어졌다. 삶을 정리하는 의미로 글쓰기만 한 장르가 없다는 것을 알게 되었다. 그래서 서대문구청에서 열린 자서전 쓰기 교실에 등록했다. 그곳에서 많이 쓰고 읽으면서 글쓰기에 대해 좀 체계적인 학습의 필요성을 느끼고 서대문노인종합복지관 문학반에서 2년 동안 습작을 했다.

그때 정찬우 교수님을 만났다. 정찬우 교수님이 글쓰기에 힘과 용기를 주셨다. 강의 내용도 좋았다. 스스로 기회를 찾아 열정과 건강을 챙기면서 즐겁고 보람된 노년을 보낼 수 있다는 자신감도 안겨 주셨다.

2017년에는 정찬우 교수님 도움으로 종합문예지 월간 《한맥문학》 2017년 12월 호에 창작시 '노란 장미의 추억' 외 4편이 신인당선작으로 선정되었다. 그 이후에 《한맥문학》에 6편의 시가 실렸다.

2017년 12월에는 정찬우 교수님의 도움으로 9명의 양재복지관 문학창작반과 함께 시와 수필을 묶어 '향기 묻은 추억' 이란 시화집이 발간되기도 했다. 부끄럽지만 나의 시와 수필을 읽어주는 독자와 문우들에게 고맙고 감사하다.

대표시라고 내놓기에는 부끄럽지만 《한맥문학》이라는 문예지에 당선의 기쁨을 안겨준 글이기에 나름 소중하게 생각한다.

이슬 맺힌 노란 장미
송이송이 마다
향긋한 미소 띠며 웃고 있다

부러움을 토한 나무들은
힐끔힐끔 곁눈질 하며
푸른 옷 자랑하듯
바람을 타고 날고 있다

거기엔 언제나 그리움 있고
사랑이 머물고
꿈과 낭만을 곁들인 그대가 있어
그리운 계절이다

오늘도 잠 못 이룬 새벽녘에
조각달 그림자를 안고
노란 장미가 사랑앓이한다

– '노란 장미의 추억', '한맥문학' 신인상 당선작품

이따금 내가 써 놓은 시를 꺼내 읽곤 하지만 여전히 아쉽고 무언가 많이 부족하다는 느낌을 지울 수가 없다. 하지만 이러한 부족함이 나를 더욱 긴장하게 하고 꿈을 꾸게 하는 삶의 의욕을 가져온다.

시와 수필을 쓰고, 자서전을 쓰면서 우연히 죽마고우 김진희 작가를 만났다. 60년 만의 만남이었다. 김진희 작가로부터 '한맥문학' 과 단편소설집 '웬쑤' 를 선물로 받았다. 책 읽기를 좋아하지만 글쓰기도 좋아한다. 복지관과 문화센터, 도서관을 다니면서 참 많은 글을 썼다. 그 많은 습작 원고 중에서 제일 애착이 가는 작품이 '길이 마당인 집' 이라는 수필이다.

길이 마당인 흙담집

하루 사 분의 일 시간을 가야 하는 남해, 서울에서 1,200리 길이다. 한 번씩 고향에 가려면 휴게소에서 두 번을 쉬면서 간식과 커피를 마시고 해우소를 다녀와야 한다.

남해의 바닷가 작은 흙담집이 좋아서 일 년에 한두 차례 그러니까 14년 동안 흙담집을 찾았다. 흙담집에는 그 흔한 텔레비전은 고사하고 라디오 컴퓨터도 없다. 유일하게 휴대폰만 들고 외딴집의 불편한 공간에서 의식주를 해결하곤 했다. 그리고 사찰로 양가집 산소와 친인척 집으로 친구들과 어울리며 지내다 서울로 올라오는 세월이 십사 년이 되었다.

태어난 집도 아니고 살던 집도 아니다. 시어머니 혼자 계시던 집이다. 바다가 환히 내다보이는 그 집은 인심 좋은 또래들과 만나 얼싸 안고 즐거움을 나누던 곳이다. 남해읍 터미널에서 하루 네 번 밖에 버스가 다니지 않는 한적한 바닷가 마을이다. 시골 마을 주차장에 내리면 길 양쪽으로 외관이 괜찮은 다섯 채의 집을 지나 골목길을 지나면 바로 길이 마당인 흙담집이 보인다.

현대식으로 지붕개량만 해서 그런지 밖에서는 그리 초라해 보이지 않지만 보일러도 터지고 처마도 휘어져서 흙이 흘러내렸다. 집 앞으로 논으로 이어지는 도랑물이 흐르고 그 위로 길이 나 있었다. 방은 작지만 모두 네 칸이나 있고, 수도가 있는 쪽으로 문을 열면 바로 어머니가 계시던 좁은 방이 나온다. 그 옆에 작은 칸에는 두레박으로 물을 길어 올리던 우물이 있다. 그러니까 길이 마당인 그쪽 방문을 열면 작은 방과 돌절구가 놓여있던 자리가 있고 그 옆 조금 더 큰 방이 나의 쉼터이며 의식주를 해결해주는 곳이다.

그 초라한 집안의 텃밭에는 상추와 쪽파 그리고 고추와 갖가지 나물들이 자라고 있는데, 건너 밭에는 시금치와 대파, 부추 등 손만 내밀면 얻을 수 있는 먹거리가 풍부하다. 그뿐이 아니다. 그 밭 옆의 창고의 닭장에서는 매일같이 새벽 네 시가 되면 꼬끼오 목청을 터뜨리는 하며 수탉의 울음이 마을에 울려 퍼졌다.

집안에서 창문만 열면 하늘과 바다가 맞닿은 듯 광활한 지평선에서 붉은 주황색 태양이 불끈 솟아오르는 장관을 매일 아침 볼 수 있는 집, 햇빛에 일렁이는 바다에 떠 있는 돛단배를 보면서 새로운 삶의 의미와 가치를 되새기게 해주는 곳, 이 작은 흙집은 나의 젊음과 운명을 점지해 주었던 고향 집이다. 작은 공간을 우주같이 사용하면서 살아간다는 기쁨과 보람은 어쩌면 이승에서의 큰 복이 아닌가 생각된다.

서울에서 들고 온 가방을 그 흙집에 던져놓고 동창회 모임, 지인들과의 저녁모임, 해안 길 걷기를 하며 시간을 보내면 그 무엇으로도 행복감을 대신할 수 없다.

몇 년 전 망년회 모임이 있는 날이었다. 그때만 해도 초등학교 동창생 오백여 명 중에서 남녀 팔십 명의 회원이 일 년에 4차례 모임을 갖고 있었다. 우리는 회비를 적립하여 중국과 싱가포르, 말레이시아, 태국, 제주도를 2차례나 다녀왔다. 회원들은 우리나라의 전국의 명소를 다니면서 즐거운 추억과 일화를 남겼다.

일천 이백리 길을 멀미도 하고 힘들어도 일 년에 4차례는 꼬박 빠지지 않으려고 노력하고 있다. 회장과 총무도 한 번씩 할 수 있는 기회도 있지만 아직 감당할 만한 여유가 없다. 집안의 대소사와 성묘, 그리고 가족들의 크고 작은 행사들이 많기 때문이다.

그래도 그 흙담집을 자주 찾는다. 자주 드나들어서 이웃과도 친분이 깊다. 남편의 첫 제사를 그 집에서 모셨고 이웃과 같이 음식도 나누었다. 밤이면 강진 바다에 눈썹달이 뜨고 여름밤 친구들과 해안가에서 수박을 자르면서 추억을 쌓았던 그곳이 내게는 삶의 희망이며, 꿈이다.

요즘도 나는 그 흙담집에 가면 친구들과 수다를 떨어대며 걷던 해안가를 떠올리며 먼 생각에 잠겨 들곤 한다. 마음 같아서는 좋은 공기와 갯벌 내음 풍기는 그곳으로 돌아가서 살고 싶다. 아담하게 단장을 하고 채소도 심고 꽃도 가꾸면서 흔들의자에 몸을 눕히고 바닷물결 소리를 들으며 잠이 들어도 좋겠다. 이따금 친구들이 먹거리를 들고 찾아와 함께 노래하며 행복했던 소녀 시절로 돌아가고 싶은 마음이다.

어떤 친구라도 상관없겠다. 나를 아는 사람들과 머물고 싶은 모든 사람들이 함께 쉬어가는 그런 집을 그곳에 꾸미고 싶다. 이 작은 소원이 곧 이루어질 것이라고 믿는다. 흙담집 마당에 들려오는 강진 바다 내음 맡으며 차도 마시고 쑥도 캐고 상추 뜯어 보리밥 지어 먹으면서 무거운 마음 잠시 내려놓는 그런 꿈을 꾸어도 좋겠다.

*

나는 외출이 잦은 편이다. 하지만 집을 나서면 즐겁다. 평생 허둥대며 바쁘게 살다가 요즘엔 시간이 많다. 즐겁고 행복하지만 한편으로 가족들에게 미안하다. 오늘은 친구를 만나 영화 '완벽한 타인' 을 관람했다. 그 친구 덕분에 같은 영화를 두 번이나 감상했다.

영화 관람을 하고 나서 그 감동을 나 혼자 간직하고 있는 것이 아쉬워 친구를 불러내어 그 감동까지 나누자고 한 것이다. 물론 반복되는 스토리와 영상들은 지루하고 무의미한 시간 낭비가 될 수도 있겠다. 그러나 이 나이에 어쩌면 당연한 현상이 아닌가 싶다.

좋은 친구와 함께라면 같은 영화를 열 번, 백번이라도 나란히 앉아서 관람할 수 있을 것 같다. 다행히 나에게는 그런 사람들이 많다. 제일 먼저 사랑하는 내 가족이 그러하고 오랜 죽마고우 친구가 그러하고 세상의 모든 어린이가 그러하고 문화센터와 복지관에서 만나는 동료가 그러하고 알고 지내는 이웃이 그러하다. 그러고 보면 이처럼 기쁨이라는 것이 결코 멀리 있는 게 아니다. 요즘은 작고 사소한 것에서 자주 소박한 기쁨을 발견하곤 한다.

지난달 우리 집 마당 텃밭에서 배추를 수확했다. 사랑하는 친구 미령이를 불러와 김치를 다궜다. 모두 25포기였다. 요즘 세상에 배추나 파, 무 같은 채소는 마트에 가면 쉽게 구할 수 있다. 그러나 내 손길에 닿아 쑥쑥 자라는 식물을 바라보면서 생명의 신비로움을 체험으로 느낀다. 내가 살고 집에 나무가 자라고 있는데, 그 나무 사이로 온갖 식물이 자란다. 봄에는 풀꽃이 피고 나비와 벌이 날아든다. 그 풀꽃 사이에 고추가 열리고, 가지와 방울토마토가 자라나는 걸 보면서 이 나이에도 새삼 생명의 신비를 느낀다. 그래, 오늘은 부르면 먼 거리도 마다하지 않고 달려와 주는 미령이 친구에게 영화나 한 편 보러 가자고 구슬려 볼 참이다.

모란꽃을 좋아한다. 복과 덕을 상징한다는 모란꽃을 보면 마음이 뭉클해온다. 우연히 꽃집 앞을 지나다가 모란꽃을 보면 나도 모르게 발을 멈추곤 한다. 봄이 오면 모란꽃을 사다가 마당에 환하게 심어야 겠다.

Gim Daeeop

다시올 산문 013

모란이 피네

초판인쇄 2019년 3월 15일
초판발행 2019년 3월 20일

출판등록 | 제310-2007-00028

지은이 | 김대업
발행인 | 김영은
펴낸곳 | 다시올

주 소 | 서울 노원구 광운로 32, B 01호
전 화 | 031-836-5941
팩 스 | 031-855-5941
메 일 | maxim3515@naver.com

ISBN 978-89-94414-87-4 03810

정가 16,000원

* 파본은 본사나 구입하신 서점에서 교환해 드립니다.

이 도서의 국립중앙도서관 출판예정도서목록(CIP)은 서지정보유통지원시스템 홈페이지(http://seoji.nl.go.kr)와 국가자료종합목록시스템(http://www.nl.go.kr/kolisnet)에서 이용하실 수 있습니다. (CIP제어번호 : CIP2019007836)